ÉTUDES

SUR

LES PORTS DE L'ALGÉRIE

Par A. LIEUSSOU,

INGÉNIEUR HYDROGRAPHE DE LA MARINE,

Ancien élève de l'École polytechnique.

DEUXIÈME ÉDITION,

Publiée par les Départements de la Guerre et de la Marine.

PARIS,

IMPRIMERIE ADMINISTRATIVE DE PAUL DUPONT,
Rue de Grenelle-Saint-Honoré, 45.

1857

ÉTUDES

SUR

LES PORTS DE L'ALGÉRIE,

Par A. LIEUSSOU,

INGÉNIEUR HYDROGRAPHE DE LA MARINE,

Ancien élève de l'École polytechnique.

DEUXIÈME ÉDITION,

Publiée par les Départements de la Guerre et de la Marine.

PARIS,

IMPRIMERIE ADMINISTRATIVE DE PAUL DUPONT,

Rue de Grenelle-Saint-Honoré, 45.

1857

Paris, imprimerie administrative de Paul Dupont,
rue de Grenelle-Saint-Honoré, 45.

AVANT-PROPOS.

La côte d'Algérie est naturellement dépourvue d'abris et se trouve encore presque à l'état barbare ; sa parfaite appropriation aux besoins divers amenés par la civilisation ne pourra être que l'œuvre du temps. Ce grand travail, qu'il a fallu nécessairement entreprendre sur plusieurs points à la fois, ne saurait être mené à bien sans un plan d'ensemble qui coordonne ses diverses parties et règle l'ordre dans lequel elles seront exécutées.

Le Département de la Guerre est entré dans cette voie de prévoyance en faisant dresser, de 1843 à 1846, par une commission spéciale, les projets d'établissement définitif pour quelques-uns des ports algériens ; il lui reste à étendre ces études aux autres ports et à coordonner entre eux tous ces projets particuliers, de manière que leur ensemble présente le système d'établissements maritimes le plus favorable aux intérêts des localités et aux besoins généraux de la navigation du commerce et de la guerre.

Ce programme général des établissements maritimes à fonder en Algérie ne peut être formulé que par le Gouvernement ; en essayant de l'esquisser dans la première édition de ce mémoire, j'ai eu surtout en vue d'en démontrer l'utilité et d'en poser les bases de manière à en faciliter la discussion.

Ce mémoire est le résumé d'études spéciales que j'ai faites sur les lieux, de 1843 à 1846, soit individuellement, soit comme rapporteur de la commission nautique. Il a été adressé, en 1847, au ministre de la marine, publié, en 1849, dans les *Annales hydrographiques* et réimprimé, en 1850, par la direction de l'Algérie.

La demi-sanction que les Départements de la Guerre et de la Marine donnent aujourd'hui à ce travail en le publiant de nouveau, m'engage à y ajouter quelques détails techniques de nature à en justifier les conclusions. J'ai cherché d'ailleurs, autant que me l'a permis une rapide excursion le long de la côte, à bord des courriers de Bône et d'Oran, à mettre cette seconde édition au courant de la situation actuelle; quant aux appréciations générales qu'il contient sur la valeur et l'avenir de chaque port, je n'ai pas cru devoir les modifier; c'est aux personnes qui ont pu suivre et étudier les progrès accomplis en Algérie depuis dix ans qu'il appartient de constater ce que ces appréciations, basées sur un état de choses déjà ancien, peuvent avoir de vieilli ou d'erroné.

Paris, 1er mai 1857.

LIEUSSOU.

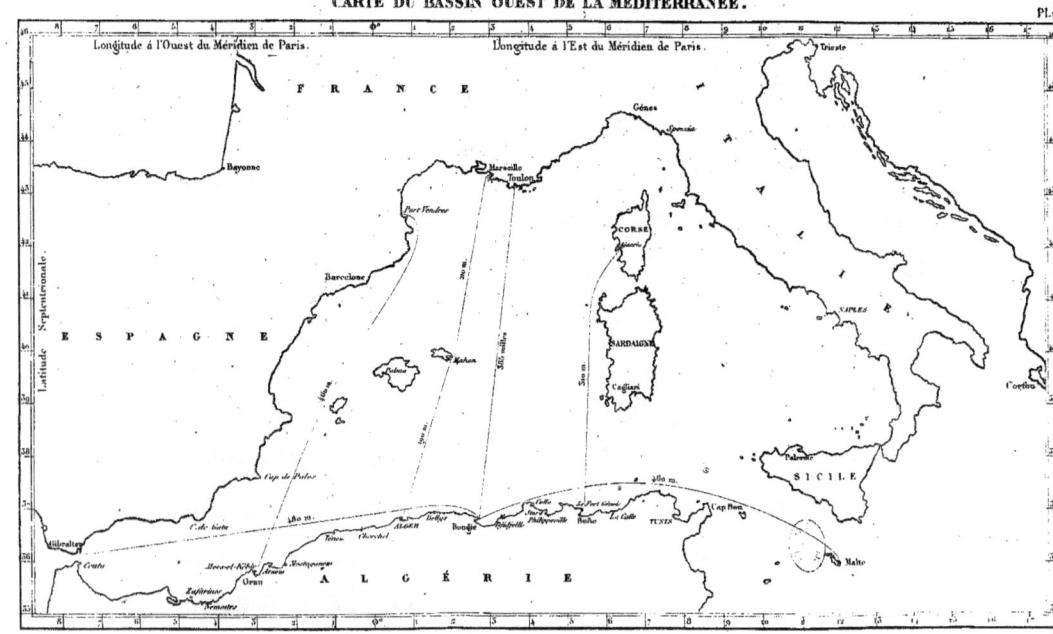

CARTE DU BASSIN OUEST DE LA MÉDITERRANÉE.

i

ÉTUDES
SUR
LES PORTS DE L'ALGÉRIE.

RÉGIME DES VENTS ET DE LA MER
A LA COTE D'ALGÉRIE.

§ 1er. — Vents.

Dans son excellente description nautique des côtes de l'Algérie, M. Bérard résume ainsi qu'il suit les observations faites ou recueillies par lui sur les rives Nord et Sud du bassin Ouest de la Méditerranée.

LIEUX DES OBSERVATIONS.	PÉRIODES DES OBSERVATIONS.	NOMBRE DE JOURS DE VENT dans l'année.			
		S.	S.O.—O.—N.O.	N.	N.E.—E.—S.E.
Toulon	de 1825 à 1834	39	179	3	144
Côte d'Algérie	de 1827 à 1834	9	169	33	154

Ces observations, faites sur un seul point de la côte de France ou recueillies irrégulièrement sur la côte d'Algérie, ne donnent, et ne pouvaient donner, qu'une indication très-vague du régime des vents dans le bassin Ouest de la Méditerranée ; celles faites à l'observatoire de Toulon sont naturellement entachées d'influences locales ; celles faites, sans suite et sans uniformité, à bord de bâtiments en croisière sur la côte d'Algérie sont nécessairement très-défectueuses. Pour les résumer, M. Bérard a dû grouper les trois aires de vent d'O. et d'E.; il a pu ainsi constater l'énorme prépondérance des vents traversiers des parties Ouest et Est sur les vents Nord et Sud opposés aux routes directes, et la prédominance des vents d'O. sur les vents d'E.

Les observations plus régulières et plus suivies que nous avons recueillies, d'une part, à Toulon, Marseille et Cette, et d'autre part, à Oran, Alger et Bône permettent d'établir avec plus de netteté et de précision le régime des vents dans le bras de mer qui sépare la France de l'Algérie.

En groupant les vents par direction sans distinction de force on a, en moyenne :

TABLEAU n° 1.

LIEUX des OBSERVATIONS.	MOYENNE de	PÉRIODES DES OBSERVATIONS.	NOMBRE DE JOURS DE VENT DANS L'ANNÉE.							
			S.	S.O.	O.	N.O.	N.	N.E.	E.	S.E.
Toulon......	11 ans..	de 1823 à 1834..	39	18	38	130	3	34	53	48
Marseille....	18 — ..	de 1823 à 1841..	29	24	38	158	8	7	36	45
Cette........	19 — ..	de 1819 à 1838..	17	18	36	135	37	47	42	33
Résultats moyens à la côte de France..			29	20	44	141	16	29	44	42
Oran........	12 ans..	de 1841 à 1853..	15	39	43	117	53	52	29	17
Alger........	2 — ..	de 1841 à 1843..	8	26	58	127	26	64	46	10
Bône........	2 — ..	de 1841 à 1843...	10	39	46	110	17	67	50	26
Résultats moyens à la côte d'Algérie...			11	34	49	118	32	61	42	18

En ne tenant compte que des vents forts ou violents qui ont soulevé une mer houleuse ou grosse, on trouve :

TABLEAU n° 2.

LIEUX DES OBSERVATIONS.	NOMBRE DE JOURS DE VENT FORT OU VIOLENT.							
	S.	S.O.	O.	N.O.	N.	N.E.	E.	S.E.
Côte de France............	6	4	12	49	7	10	17	25
Côte d'Algérie.............	2	15	34	45	12	28	15	6

En divisant ces observations en saison d'été, comprenant les mois de mai, juin, juillet, août, septembre et octobre ; et en saison d'hiver, comprenant les mois de novembre, décembre, janvier, février, mars et avril, on obtient :

TABLEAU n° 3.

LIEUX DES OBSERVATIONS.	NOMBRE DE JOURS DE VENT EN ÉTÉ ET EN HIVER.							
	S.	S.O.	O.	N.O.	N.	N.E.	E.	S.E.
Côte de France { Été........	20	17	31	61	7	11	14	22
{ Hiver......	9	5	15	80	9	18	39	20
Côte d'Algérie { Été........	3	8	12	70	18	44	25	4
{ Hiver......	8	26	37	48	14	17	9	14

Ces trois tableaux offrent un résumé complet et précis du régime des vents sur les côtes de France et d'Algérie ; mais leur représentation graphique (*pages* 8 et 9, *figures* 1, 2, 3 et 4) accuse mieux encore les particularités de ce régime. Ces quatre figures ont été tracées en portant, à partir d'un point central, dans la direction des huit aires de vent, des longueurs proportionnelles au nombre de jours de vent et faisant passer une courbe par les huit points ainsi obtenus.

*Tableau synoptique des vents, pendant l'année, à la côte de
France et d'Algérie.*

Tous les vents (1 millimètre pour trois jours).

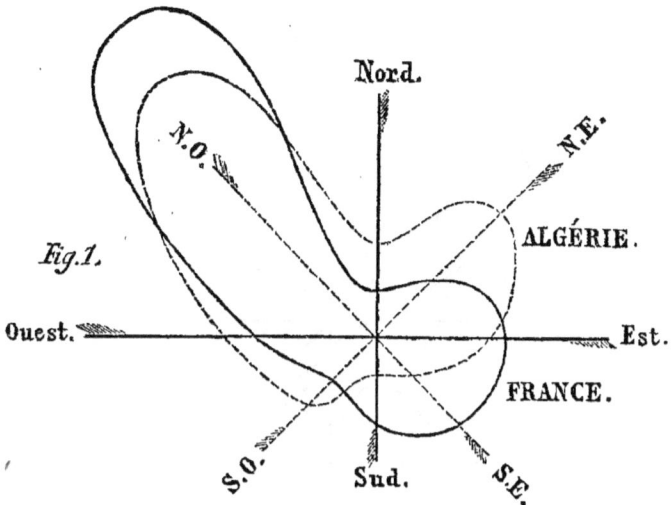

Vents forts ou violents (1 millimètre pour un jour).

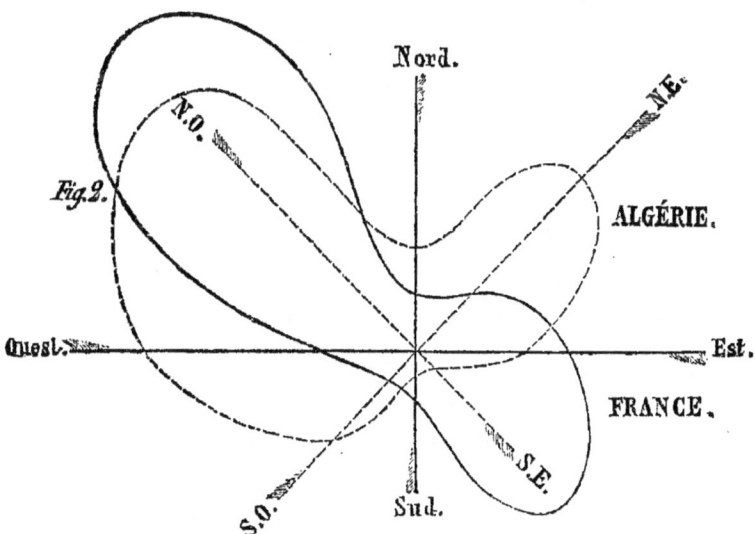

Tableau synoptique des vents pendant l'été et l'hiver.

(2 millimètres pour trois jours.)

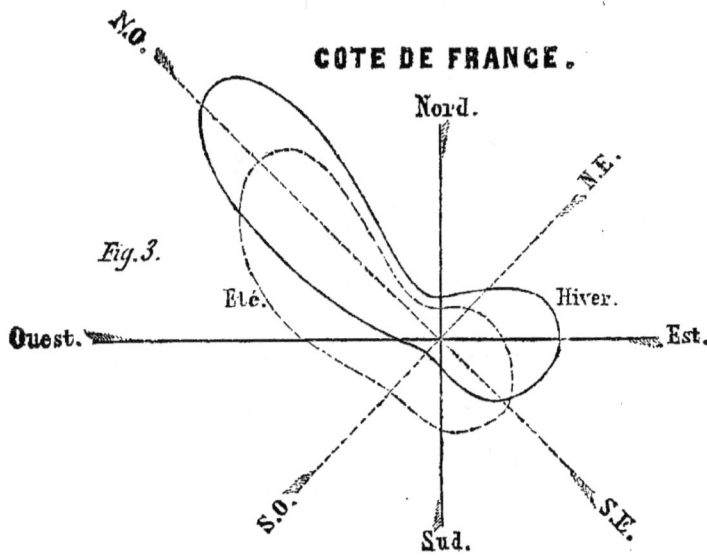

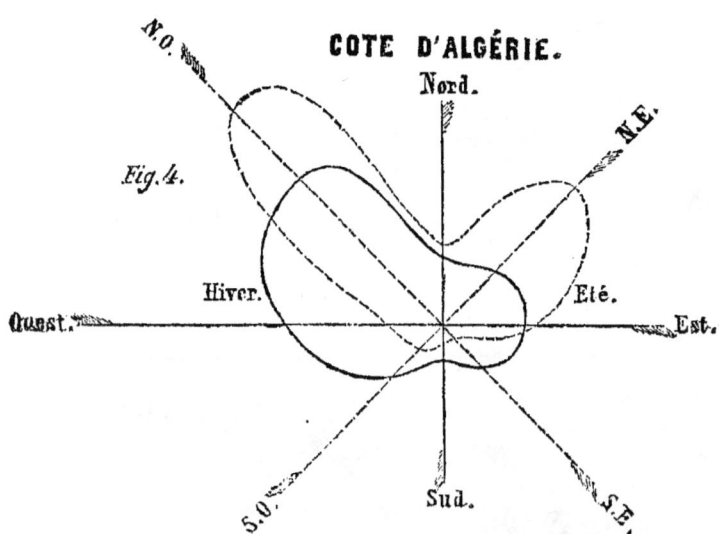

Ces représentations graphiques permettent de saisir d'un coup d'œil les similitudes et les différences du régime des vents à la côte de France et d'Algérie et justifient les conclusions suivantes :

1° Dans le bras de mer qui sépare la France de l'Algérie, les vents Nord et Sud opposés aux routes directes sont infiniment rares ; les vents traversiers sont presque permanents et soufflent de l'O. N. O. et de l'E. N. E. dans la proportion de deux à un. (*Figure* 1.)

2° Aux atterrages, le vent d'O. N. O. hale la côte, et le vent d'E. N. E. hale le large ; cet effet, que l'on peut attribuer à l'influence des montagnes et des vallées, est plus marqué pour les vents frais ou violents, soulevant une mer houleuse ou grosse, dont les directions normales sont : O. N. O. et N. E. à la côte d'Algérie, N. O. et S. E. à la côte de France. (*Figure* 2.)

3° Les brises de saison qui soufflent de la mer en été et de la terre en hiver modifient en force et en direction les vents permanents d'O. N. O. et d'E. N. E. Leurs directions normales aux atterrages sont :

1. Sur la côte d'Algérie : N. O. et N. E. en été ; O. N. O. et E. en hiver ;

2. Sur la côte de France : O. N. O. et S. E. en été ; N. O. et E. en hiver.

En dépouillant les observations qui nous ont conduit à ces conclusions générales, nous avons pris chaque jour le vent qui a dominé ; mais la direction des vents légers est souvent très-variable : ainsi, pendant la belle saison, les brises solaires qui soufflent de la terre pendant la nuit et de la mer pendant le jour sont très-fréquentes le long des côtes et notamment dans le fond des golfes et baies ; cette alternance des brises semi-diurnes, de terre et de mer, qui facilite les mouvements d'entrée et de sortie des navires dans les ports, est surtout bien marquée en Algérie.

Les deux vents généraux d'O. N. O. et d'E. N. E. qui règnent presque exclusivement dans le bassin Ouest de la Méditerranée présentent à la côte d'Algérie des caractères bien distincts.

Le vent d'O. N. O. est sec et froid ; en général, il fait baisser le baromètre et élever le niveau des eaux ; il domine en toute saison et se fixe au N. O. en été, tandis qu'il souffle du S. O. au N. O. en hiver ; lorsqu'il est modéré, l'air est d'une transparence remarquable et les terres apparaissent à de grandes distances avec des contours bien tranchés ; lorsqu'il est fort, le ciel est encore clair au zénith et parsemé de nuages blancs nettement dentelés, ressemblant à des bancs de sable ; lorsqu'il est violent, le ciel se couvre de gros nuages, qui amènent souvent la pluie ; il souffle alors par grains en variant au N. dans les tempêtes.

Le vent d'E. N. E. est humide et chaud ; en général, il fait monter le baromètre et baisser le niveau des eaux ; il est fréquent en été et se fixe au N. E., tandis qu'il est fort rare et variable en direction en hiver. Lorsqu'il est modéré, le ciel est clair au zénith, mais obscurci à l'horizon par une brume blanchâtre qui voile les terres ; lorsqu'il est frais, il amoncelle sur la côte d'épais nuages blancs qui se fixent sur les montagnes et les dérobent à la vue ; lorsqu'il est violent, ce qui est rare, les terres disparaissent sous un ciel sombre, et le vent souffle par rafales en variant au N. dans les tempêtes.

La côte d'Algérie courant à très-peu près E. et O., les deux vents permanents d'O. N. O. et d'E. N. E. viennent du large ; ils engendrent des courants qui portent à terre et soulèvent une houle d'autant plus forte qu'ils halent généralement le N. à mesure qu'ils fraîchissent. Dans les tempêtes le vent débute par l'O. S. O. ou le N. E. et se fixe au Nord. La prédominance des coups de vent de N. O. sur les coups de vent de N. E. est beaucoup moins marquée entre Alger et Bône qu'entre Alger et Oran.

§ 2. — Ondes.

Si on partage les vents de gros temps, observés à la côte d'Algérie, en vents forts soulevant une mer houleuse et en vents violents ou tempétueux soulevant une mer grosse, on obtient les résultats suivants :

	NOMBRE DE JOURS DE GROS TEMPS DANS L'ANNÉE								RÉGIONS		TOTAL
	S.	S.O.	O.	N.O.	N.	N.E.	E.	S.E.	Ouest	Est.	
Vent fort............ Houle moyenne........	2	9	22	29	6	21	8	5	64	38	102
Vent violent.......... Grosse houle	0	6	12	14	6	7	5	1	35	16	51
Vents forts et violents..	2	15	34	43	12	28	13	6	99	54	153

Les ondes moyennes soulevées par un vent fort existent donc pendant 102 jours, 64 de la partie Ouest et 38 de la partie Est; et les grandes ondes soulevées par un vent violent existent pendant 51 jours, 35 de la partie Ouest et 16 de la partie Est.

Les déformations des grandes ondes du large en approchant de la côte accusent une action contre le fond dont l'énergie augmente à mesure que la profondeur diminue, et qui tend à remuer et à soulever les matériaux meubles qui le tapissent ; ces matériaux, ainsi mobilisés, entraînés en tous sens au gré des courants divers, ne trouvant le repos que sur les points où la houle cesse de les soulever, subissent à la longue une sorte de triage; ils se répartissent en définitive sur le fond par couches similaires, de telle sorte que les parties les plus grossières et les plus denses occupent les hauteurs et les lieux agités, tandis que les parties les plus légères et les plus ténues occupent les profondeurs et les lieux abrités. On n'a qu'à jeter les yeux sur les cartes particulières des golfes et baies de l'Algérie, pour reconnaître que telle est en effet la répartition générale des alluvions sur le fond : ainsi, en partant du rivage, on rencontre successivement du sable identique à celui des plages, du sable plus fin, du sable vaseux et enfin de la vase. En dehors de tout abri, la zone de sable pur s'arrête aux profondeurs de 15 mètres ; la zone de sable vaseux s'étend depuis 15 jusqu'à 30 mètres, et la zone de vase pure depuis 30 jusqu'à 150 mètres. On peut conclure de là que sur la côte d'Algérie les grandes ondes du large cessent de soulever le sable pur à 15 mètres, le sable vaseux à 30 mètres et la vase à 150 mètres.

La vase n'est que l'agent indirect du transport des matériaux meubles qui tapissent le fond ; en les mobilisant elle ne les déplace pas et ne fait que les soumettre à l'action de courants trop faibles par eux-mêmes pour les rouler sur le sol ; elle ne devient l'agent direct et unique de ce transport qu'en atteignant la zone de petits fonds sur lesquels elle brise ; elle les roule alors avec elle, et leur imprime un mouvement alternatif qui les porte peu à peu vers la plage où ils finissent par être jetés. Ainsi, tandis que la vague affouille les parties saillantes et abruptes de la côte qui arrêtent brusquement son mouvement, elle tend au contraire à atterrir les plages basses aux dépens des zones de sables mouvants qui les bordent.

Les ondes se propageant en mer dans la direction des vents qui les ont formées affectent aux atterrages de la côte d'Algérie deux directions normales : l'O. N. O. et l'E. N. E.; mais, en approchant de la terre, elles halent peu à peu le N. N. O. et le N. N. E., par suite du retard qu'une moindre profondeur apporte à la propagation des parties de l'onde les plus voisines de la côte. Quel que soit le vent, elles se présentent donc à l'entrée des golfes et des baies, qui fait généralement face au N., à peu près normalement à cette entrée; mais, à mesure qu'elles s'y enfoncent, elles se trouvent retardées sur les bords par les moindres profondeurs qu'elles y rencontrent, et se courbent de plus en plus de manière à se modeler en quelque sorte sur les lignes de niveau du fond; elles tendent ainsi à s'étendre en éventail pour venir frapper presque normalement les rives Est et Ouest d'un même golfe, placées pourtant à des expositions directement opposées. Dans ce mouvement elles n'attaquent énergiquement que les saillies et les pointes qu'elles frappent obliquement; elles tendent ainsi à rétablir la régularité de la courbure des plages, que les saillies qui se forment à l'embouchure des rivières tendent de leur côté à altérer. En raison de la légère obliquité qu'elles conservent par rapport au gisement des rives Est et Ouest d'une baie, elles poussent vers le S. les sables mouvants qu'elles rencontrent sur l'une et l'autre rive; elles les accumulent ainsi, à la longue, dans la partie la plus profonde de la baie où ils s'atterrissent sous formes de plages et de dunes.

En s'avançant vers le fond d'une baie l'onde se raccourcit et s'exhausse à la surface, en raison de l'obstacle incessant que le relèvement progressif du fond oppose à sa marche; le courant qu'elle engendre dans le sens de sa propagation devient de plus en plus sensible et il incline vers la terre le courant littoral préexistant. Cet effet est d'autant plus marqué que le vent est plus violent et plus tenace. Dans les tempêtes les lames atteignent près de terre une hauteur de 4 à 5 mètres et commencent à briser par les profondeurs de 8 à 9 mètres; ces lames courtes, escarpées, battues par un vent violent, ne permettent pas aux navires à voiles de s'élever au large en louvoyant et les drossent inévitablement à la côte dès qu'ils se trouvent engagés dans une baie.

§ 3. — Courants.

Dans le bassin qui sépare la France de l'Algérie, le courant n'est jamais bien vif; d'après les observations faites par MM. Bérard et de Kergrist à la côte d'Afrique, et par nous-même à la côte de France, sa vitesse maximum par seconde ne dépasse guère $0^m 6$ au large, et 1 mètre sur les récifs et les caps avancés; sa vitesse par un beau temps est plus faible de moitié.

D'aussi faibles courants sont nécessairement très-irréguliers; néanmoins toutes les observations un peu suivies accusent l'existence d'un courant permanent qui circule le long des côtes de gauche à droite en regardant la mer; ce courant littoral ne pénètre pas en général dans les golfes et les baies formées par les découpures des terres, mais on le retrouve toujours en dehors des caps avancés en mer, où il persiste à quelques mètres sous l'eau, alors même qu'il reverse à la surface, sous l'influence d'un vent fort directement opposé.

Ce mouvement circulaire dont les eaux de la Méditerranée sont animées est généralement attribué au déversement incessant des eaux de l'Océan par le détroit de Gibraltar; mais il pourrait bien avoir sa principale cause dans la prépondérance si marquée des vents d'O. N. O. Quelle que soit son origine, le courant littoral existe dans la masse des eaux, jusqu'à quelques mètres du fond où les frottements et les inégalités du sol tendent à l'annuler. Il ne diminue pas régulièrement à partir de la surface, mais il est toujours trop faible sur le fond même pour entraîner les matériaux meubles qui le tapissent ; les déplacements de sable et de vase n'ont donc jamais lieu dans la Méditerranée par un beau temps et par le seul effet des courants.

Sur les côtes de l'Algérie, le courant permanent, qui entraîne la masse des eaux de l'O. à l'E. suit à peu près les alignements des caps avancés, et n'entre pas en général dans les découpures des terres ; par un beau temps, on ne trouve, en effet, dans les golfes et les baies que des courants faibles et essentiellement irréguliers, produits par le remou du courant littoral, les marées, les vents régnants et les eaux douces qui sortent des rivières ; mais, par les vents frais du large, le courant, engendré dans le sens de la propagation des ondes, augmenté à la surface par la pression du vent sur le flanc des lames, infléchit le courant littoral et le refoule dans les enfoncements du rivage ; les masses d'eau qui affluent alors dans le fond des baies tendent à s'échapper par la pointe le moins en saillie, qui est en général celle de l'O. ; elles s'écoulent ainsi en longeant les plages de l'E. à l'O. en sens contraire du courant littoral. Ce contre-courant, bien marqué par les vents du N. E., existe par les vents frais du N. O. ; mais, lorsque ces vents sont violents et tenaces, il est surmonté par le courant littoral direct qui entre en baie avec force par la pointe Ouest et la contourne en grand, malgré l'obstacle que la saillie de la pointe Est oppose à sa marche.

§ 4. — Atterrissements.

A l'exception des caps avancés qui sont formés de roches dures indestructibles, la côte d'Algérie est bordée de terrains tertiaires qui se désagrègent facilement. Les jalaises, généralement composées de grès friables reposant sur une formation d'argile, sont sapées à la base par les vagues et forment des encorbellements qui tombent à la mer par lambeaux et s'y réduisent en définitive en sable ou en vase. C'est donc dans ces érosions considérables et incessantes des falaises de la côte qu'il faut chercher l'origine des plages de sable et des quelques dunes qui bordent le fond des baies ; la faiblesse des cours d'eau en Algérie, et la nature vaseuse des alluvions qu'ils charrient à la mer, garantissent que les alluvions fluviales n'ont contribué que pour une faible part à la formation des plages et des dunes.

Les alluvions de vase et de sable que l'action destructive des vagues et les cours d'eau jettent à la mer, déposés d'abord pêle-mêle à une petite distance du rivage, sont bientôt entraînées en sens divers et ne tardent pas à se séparer.

La vase délayée par la houle se dissout en quelque sorte dans la masse des eaux et ne s'en sépare que lentement après que toute agitation a cessé ; à chaque grosse mer elle est délayée de nouveau ; elle voyage sans cesse et en sens divers au gré des courants de fond et de surface ; elle finit ainsi par gagner les grands fonds du large et les abris formés par les pointes Est et Ouest des baies où, la houle cessant de l'atteindre et de la délayer, elle trouve le repos et s'atterrit.

Le sable, soulevé un instant par la houle, retombe pour être soulevé de nouveau l'instant d'après ; pendant la durée de ces suspensions successives, il est entraîné par les courants de fond, quelque faibles qu'ils soient d'ailleurs, et subit ainsi une série de petits déplacements ; il ne se dissout pas dans l'eau pour remonter à la surface à la manière de la vase ; il ne fait qu'obéir aux mouvements de vibration et de translation des couches d'eau qui le pressent ; il chemine ainsi de proche en proche sur le fond même et s'arrête dès que l'agitation des eaux cesse ou diminue ; à chaque grosse mer il est de nouveau mobilisé par la houle et entraîné par les courants de fond; il voyage ainsi sans cesse et ne trouve le repos qu'en atteignant les lieux assez abrités par la hauteur des eaux ou les découpures de la côte pour que la houle cesse de le soulever.

Les alluvions déposées près du rivage subissent donc un lavage incessant qui enlève les parties terreuses et ne laisse que le sable.

Les vases délayées dans la masse des eaux voyagent au loin sans être arrêtées par les accidents du fond ou les sinuosités de la côte, et finissent par aller se perdre dans les grandes profondeurs du large.

Les sables purs cessant d'être soulevés par les profondeurs de 15 mètres et cheminant de proche en proche sur le fond ne sauraient gagner le large ni doubler les caps avancés qui offrent à leur pied plus de 15 mètres de hauteur d'eau ; ils sont promenés en sens divers le long de la côte, au gré des vagues et des courants, et ne tardent pas à gagner le fond de la baie la plus voisine où ils sont maintenus et s'accumulent.

La zone de sable, qui borde le fond de toutes les baies de l'Algérie, n'éprouve aucun changement par une mer calme, mais dans les tempêtes elle est profondément bouleversée ; la vague, en déferlant sur la zone des petits fonds située en avant du rivage, entraîne avec elle les sables qu'elle a détachés du fond et leur imprime ce mouvement de va-et-vient que tout le monde a remarqué le long des plages. Dans ce mouvement alternatif, le sable, projeté en avant par la lame directe, retombe avec le ressac, suivant la ligne de plus grande pente ; il s'avance ainsi en louvoyant vers la plage où il finit par s'atterrir.

Ce transport dans le sens de la propagation des vagues n'est bien marqué qu'à la plage et ne s'étend guère en dehors des profondeurs de 6 mètres. Au delà les sables n'obéissent qu'à l'action combinée de la houle qui les soulève du fond et des courants qui les entraînent pendant la durée de ces suspensions successives. Cette nouvelle série de déplacements, qui équivaut en somme à un transport direct dans le sens du courant, cesse d'être bien sensible par les profondeurs de 12 mètres, et ne s'étend jusqu'aux profondeurs de 15 mètres que par des tempêtes exceptionnelles.

La côte d'Algérie offrant une douzaine de caps avancés formés de roches dures et baignés par des eaux profondes se trouve divisée, sous le rapport des ensablements, en autant de régions distinctes. Dans chaque baie, la formation des plages sur la rive Sud est due à des causes toutes locales, et leur étendue résulte uniquement de la nature plus ou moins friable des falaises qui bordent les rives Est et Ouest, et de l'importance des cours d'eau qui y débouchent; les sables mouvants qu'on y rencontre ne viennent pas d'ailleurs et n'en sortent pas; ils sont maintenus près de la côte et accumulés dans les découpures les plus profondes; ils y restent dans un état d'équilibre instable et sont portés dans l'E. par les tempêtes du N. O. et vers l'O. par les tempêtes de N. E. Cette oscillation incessante des sables qui se manifeste partout en avant des plages de l'Algérie, et en beaucoup de points sur la plage même, est un motif déterminant pour éloigner autant que possible du fond des baies les établissements maritimes qu'on voudrait y créer.

CARACTÈRES GÉNÉRAUX

DE LA COTE D'ALGÉRIE.

PROPRIÉTÉS NAUTIQUES.

La côte d'Algérie s'étend presque en ligne droite de l'O. 10° S. à l'E. 10° N., sur un développement de 100 myriamètres. Elle est comprise entre les méridiens de Bayonne et de la Corse, et n'est séparée des côtes méridionales de France que par un bras de mer de 66 myriamètres de largeur. Elle est en quelque sorte rapprochée de la métropole par la permanence des vents d'O. N. O. et d'E. N. E. qui sont traversiers, c'est-à-dire à la fois favorables pour aller et pour revenir (pl. 1).

Ces deux vents tenant du N., la traversée de France en Algérie est généralement plus courte que celle d'Algérie en France. Les vents d'O. étant trois fois plus fréquents que les vents d'E., ces traversées sont d'autant plus courtes que la route directe incline plus à l'E.; ainsi, en partant de Marseille, il est plus facile d'aller à Bône qu'à Oran, et en partant d'Alger, il est plus facile d'aller en Italie qu'en Espagne.

La difficulté relative de faire route à l'O. dans la Méditerranée est encore augmentée, sur la rive africaine, par le courant littoral qui porte à l'Est. Les traversées de Bône

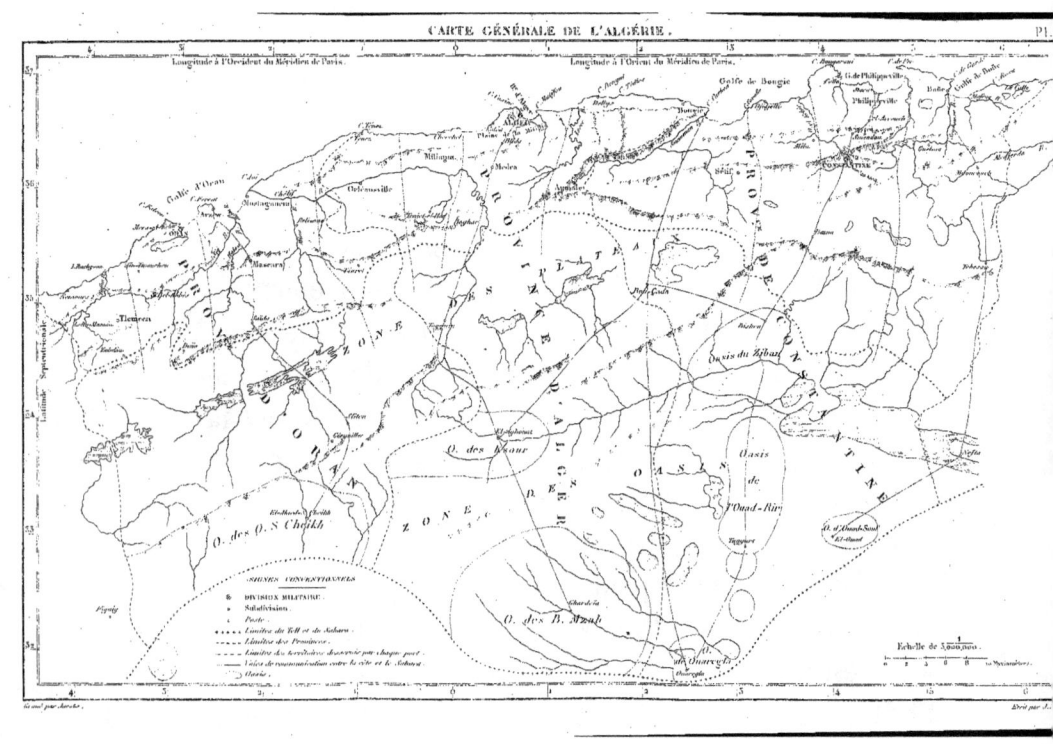

à Oran sont dès lors notablement plus longues que celles d'Oran à Bône.

Le gisement de la côte algérienne, dans une direction peu différente de celles des vents dominants d'O. N. O. et d'E. N. E., crée une difficulté permanente pour le cabotage et la navigation côtière ; ces vents tenant du large, la mer est généralement grosse près de terre et le courant y porte en côte.

Le vent d'O. N. O., qui domine en toute saison et règne presque exclusivement en hiver, hale le N. à mesure qu'il fraîchit ; le vent de N. E., qui souffle fréquemment en été, voile les terres sous un rideau de brumes. Les atterrages de l'Algérie sont donc naturellement dangereux ; un navire peut d'autant plus craindre d'être affalé sur cette côte qu'elle est dépourvue d'abris ; il ne doit jamais louvoyer près de terre à cause de la brume par les vents d'E., et à cause de la grosse mer et des courants par les vents d'O.

Le régime des vents dans le bassin Ouest de la Méditerranée est donc favorable aux routes Nord et Sud, et contraire aux routes Est et Ouest ; en facilitant la navigation entre l'Europe et l'Afrique, en gênant le cabotage entre les ports algériens, il s'opposerait à ce que le commerce de l'Algérie avec la France et l'étranger fût centralisé par un ou deux ports, alors même que le grand développement de la côte ne serait pas un obstacle à cette centralisation.

Les rivages situés à l'exposition directe du N. sont généralement dépourvus d'abris : la côte d'Algérie présente au plus haut degré ce fâcheux caractère ; elle n'offre pas ces profondes sinuosités, ces découpures capricieuses des terres qui, sur la rive européenne de la Méditerranée, forment une multitude de rades et de ports naturels. Ses abords sont parfaitement sains, car ils ne présentent que trois ou quatre récifs et quelques îlots sans importance. Les falaises abruptes qui la bordent offrent à leur pied de grandes profondeurs d'eau ; elles surgissent du fond de la mer et présentent l'aspect général d'un mur à pic.

Les seules sinuosités remarquables sur cette côte, droite et uniforme, sont (*pl. 2*) :

1° *Le golfe d'Oran*, qui comprend les baies d'Oran et d'Arzew ;

2° *La baie d'Alger* ;

3° *Le golfe de Bougie*, qui comprend les baies de Bougie et de Djidjelli ;

4° *Le golfe de Philippeville*, qui comprend les baies de Collo et de Stora ;

5° *Le golfe de Bône*.

Ces cinq grands enfoncements du rivage correspondent aux principales vallées du littoral algérien ; ils sont généralement bordés au S. par de belles plages de sable ; ils présentent tous la forme régulière d'un croissant dont la concavité regarde le Nord. Les nappes d'eau qu'ils embrassent sont protégées par les terres des rumbs de vent au-dessous du N. E. et du N. O. ; cet avantage est peu important, car les vents de cette partie ne sont jamais violents. Les vents du large compris entre le N. O. et le N. E. sont les seuls qui amènent les tempêtes sur les côtes d'Algérie ; ces vents, repoussés par les montagnes qui bordent le rivage, n'entrent pas généralement dans le fond des golfes ; mais la houle puissante qu'ils soulèvent y pénètre sans obstacles sur presque tous les points ; elle s'y propage d'abord du N. au S., perpendiculairement à l'ouverture des golfes, et s'écarte à peine de quelques degrés, de part et d'autre de cette direction normale, sous la pression du vent régnant. En approchant de terre, elle s'infléchit graduellement, de manière à battre en côte les rives Est et Ouest ; dès qu'elle atteint les profondeurs d'eau de 7 à 8 mètres, elle se change en brisants.

Pendant l'été, on peut mouiller partout dans ces grands enfoncements du rivage, dès qu'on est à 2 ou 3,000 mètres de terre, car on y trouve sur tous les points un bon fond de vase ; mais on ne peut s'y mettre à l'abri du mauvais temps et de la houle du N. qu'en se plaçant en dedans des caps qui forment les pointes Est et Ouest du croissant.

Les mouillages derrière les pointes Est sont battus en plein par les vents du N. O. qui dominent dans la mauvaise saison et amènent la plupart des tempêtes sur la côte ; ils sont, pour cette raison, peu fréquentés.

Les abris formés par les pointes Ouest sont les seuls où l'on puisse stationner en hiver, les seuls, par conséquent, qui aient reçu, et qui méritent, la dénomination de rade.

Ces abris naturels sont :

Dans le golfe d'Oran............ { la rade de Mers el-Kébir.
{ la rade d'Arzew.

Dans la baie d'Alger........... la rade foraine d'Alger.

Dans le golfe de Bougie........ { la rade de Bougie.
{ la rade foraine de Djidjelli.

Dans le golfe de Philippeville... { la rade foraine de Collo.
{ la rade foraine de Stora.

Dans le golfe de Bône.......... la rade foraine du Fort-Génois

L'identité dans le gisement général de la côte, dans la forme des enfoncements qu'elle présente et dans la direction des vents dangereux, explique la ressemblance si frappante qui existe entre les diverses rades de l'Algérie : chaque rade est située dans la région occidentale d'un golfe ou d'une baie, sur un rivage escarpé où la place manque pour la construction d'une ville ; elle est parfaitement couverte au N. O. par les montagnes auxquelles elle est adossée, et protégée au S. et à l'E. par les rives méridionales et orientales du golfe ; elle n'est tourmentée que par la houle directe du N. E. et par le ressac produit par les coups de vent de la partie Nord.

Toutes les rades de l'Algérie présentent donc les mêmes dispositions, le même régime nautique; mais elles sont plus ou moins fermées au N. N. E., et, par conséquent, plus ou moins sûres.

On ne peut parler de leurs avantages et de leurs qualités nautiques que d'une manière relative : sur une côte aussi dépourvue d'abris, les rades sûres de Mers-el-Kébir, d'Arzew et de Bougie ont une très-haute importance ; sur les côtes d'Europe et dans les mers du Levant, où l'on trouve à chaque pas des ports et des rades fermées, elles n'offriraient pas, à beaucoup près, le même intérêt. Quant aux rades foraines d'Alger, de Collo, de Stora et du Fort-Génois, elles seraient, sur tout autre rivage, jugées impraticables pendant l'hiver.

De nombreux sinistres ont surabondamment démontré l'insuffisance de ces mouillages naturels. La liste des bâtiments naufragés sur la côte d'Algérie, dressée par l'administration de la douane, constate 253 sinistres, de 1843 à 1854, soit en moyenne 25 par année; à n'estimer qu'à un matelot et à 100,000 fr. la perte par navire naufragé, c'est un tribut annuel de vingt-cinq hommes et de 2,500,000 fr. que la navigation algérienne paye aux tempêtes. En 1854, il y a eu 63 sinistres, 25 à Stora, 11 à Bône, 5 à Ténez et 22 sur les autres points. Le remède à cette situation intolérable, qui s'aggrave d'année en année, à mesure que la navigation devient plus active, est dans la création de trois ports de refuge à Philippeville, à Bône et à Ténez. L'exemple du port d'Alger où le nombre des naufrages a été de 48 dans la période de dix ans qui a précédé 1843, et de 5 seulement dans la période de dix ans qui l'a suivie, garantit l'efficacité de ce remède.

PROPRIÉTÉS COMMERCIALES.

L'Algérie, située à 70 myriamètres de Marseille, est un État à la fois maritime et continental, de 100 myriamètres de côtes sur 50 myriamètres de profondeur. Ce vaste atelier agricole, sur lequel la métropole pourra écouler le trop plein de sa population, fournira à notre industrie la plupart des matières premières qu'elle demande aujourd'hui à des contrées étrangères et lointaines, et lui offrira, en outre, un nouveau et grand débouché pour ses produits.

Le littoral algérien a derrière lui un vaste territoire dont les richesses agricoles et minérales, convenablement exploitées, alimenteraient un grand commerce; il borde la route entre les mers du Levant et l'Océan, qui, par les progrès de la marine à vapeur et le percement de l'isthme de Suez, va redevenir la grande voie commerciale du monde; il se trouve placé sur le chemin le plus direct entre l'Europe et l'intérieur de l'Afrique.

Les ports algériens présentent donc un triple caractère commercial; ils sont :

1° Des marchés pour le commerce maritime de l'Algérie;

2° Des entrepôts pour les marchandises échangées entre l'Orient et l'Occident;

3° Des ports de transit entre l'Europe et l'Afrique centrale.

L'Algérie n'offre pas, comme la France, ces vastes bassins, ouverts au commerce extérieur, dont les produits s'écoulent naturellement vers la mer avec les eaux des fleuves. Elle ne possède pas une seule rivière navigable ou même flottable ; la Seybouse, dans le golfe de Bône, ne fait pas exception à cette règle, puisque les bateaux ne peuvent la remonter que sur un parcours de 2 myriamètres.

Au point de vue topographique l'Algérie se partage, du N. au S., en quatre zones sensiblement parallèles à la côte et alternativement montagneuses et plates (*pl.* 2):

Le massif méditerranéen ;
La zone des hauts plateaux ;
Le massif intérieur ;
La zone des oasis.

Son territoire n'est, à bien dire, qu'un vaste plan incliné vers la mer et ridé parallèlement au rivage par deux bourrelets montagneux. Il offre l'aspect général de deux sillons larges et peu profonds qui courent de l'O. à l'E. de la frontière du Maroc à celle de Tunis. Les massifs méditerranéen et intérieur forment les parties saillantes des sillons ; les zones des plateaux et des oasis en forment les parties creuses. Ces deux zones, quoique généralement plates, sont traversées, néanmoins, par quelques rameaux de montagnes qui marquent la séparation des bassins.

Le bourrelet montagneux qui s'étend le long du littoral sur une largeur de 8 myriamètres se termine à la mer par des falaises rocheuses inabordables ; il présente un caractère de continuité remarquable et n'est traversé que par quelques vallées étroites et sinueuses. Ce rempart naturel isole en quelque sorte l'intérieur du pays du bassin de la Méditerranée ; il avait fermé jusqu'à nos jours le continent africain à la civilisation européenne.

Les principales vallées qui relient la côte à la région des plateaux à travers le bourrelet montagneux du littoral débouchent à la mer dans les golfes d'Oran, de Bougie, de

Philippeville, de Bône et dans la baie d'Alger. Ces cinq grands enfoncements du rivage où se trouvent concentrées toutes les ressources maritimes de la côte sont, en outre, de larges brèches naturelles pratiquées dans l'espèce de rempart formé par le massif méditerranéen. Ils sont, par conséquent, les grandes voies ouvertes au commerce européen pour remonter dans l'intérieur du pays. La topographie du sol, d'accord avec le régime nautique de la côte, désigne donc *Oran*, — *Arzew*, — *Alger*, — *Bougie*, — *Djidjelli*, — *Collo*, — *Philippeville*, — *Bône*, comme les grands ports marchands de l'Algérie.

En dehors de ces ports naturels, ceux de la Tafna et de Ténez sont les seuls qui aient de l'avenir. Cette exception est motivée sur la possibilité d'établir, dans chacune de ces deux anses, un bon port artificiel, au centre d'une côte sans abris, qui s'étend, à l'O. d'Oran, sur un développement de 90 milles et comprend, d'Alger à Arzew, le tiers environ du littoral algérien.

Les ports de Nemours, de Mostaganem, de Cherchel, de Dellys, de La Calle et tous ceux qu'on pourra établir ultérieurement sur la côte sont sans intérêt pour la grande navigation et le commerce extérieur ; ils ne seront jamais que des marchés de caboteurs, succursales des grands ports voisins.

La répartition du commerce entre les divers ports de la côte a été originairement dominée par les circonstances politiques qui ont présidé à la conquête du pays ; bien qu'elle soit encore très-anormale, on peut déjà en tirer quelques inductions pour l'avenir ; cette considération nous a porté à dresser, d'après les documents publiés par le Département de la Guerre, les tableaux ci-après qui résument, par port, le mouvement commercial en Algérie, de 1835 à 1854.

TABLEAU n° 1.
Valeur des importations par année.

NOMS DES PORTS.	De 1836 à 1841.	De 1841 à 1846.	De 1846 à 1851.	MOYENNE De 1836 à 1851.	PART de CHAQUE PORT
Nemours................	»	»	2,000	1,000	»
Oran et Mers-el-Kébir...	6,402,000	16,050,000	21,680,000	14,750,000	22
Arzew et Mostaganem....	35,000	1,694,000	2,636,000	1,388,000	2
Ténez...................	»	»	»	»	»
Cherchel................	6,000	525,000	474,000	268,000	0,5
Alger...................	22,758,000	47,875,000	44,045,000	38,219,000	56
Dellys..................	»	14,000	40,000	18,000	0
Bougie	368,000	327,000	330,000	342,000	0,5
Djidjelli	64,000	179,000	200,000	148,000	0
Stora et Philippeville....	1,536,000	8,538,000	11,825,000	7,299,000	11
Bône....................	5,440,000	5,697,000	4,985,000	5,374,000	8
La Calle................	»	6,000	252,000	86,000	0
Algérie.................	36,649,000	80,505,000	86,467,000	67,873,000	100

TABLEAU n° 2.
Valeur des exportations par année.

NOMS DES PORTS.	De 1836 à 1841.	De 1841 à 1846.	De 1846 à 1851.	MOYENNE De 1836 à 1851.	PART de CHAQUE PORT
Nemours................	»	1,000	14,000	5,000	»
Oran et Mers-el-Kébir...	657,000	2,433,000	3,196,000	2,095,000	29
Arzew et Mostaganem....	30,000	85,000	235,000	117,000	»
Ténez	»	31,000	45,000	25,000	0
Cherchel................	»	5,000	17,000	7,000	0
Alger...................	1,591,000	1,967,000	3,742,000	2,433,000	34
Dellys..................	»	»	»	»	»
Bougie	35,000	33,000	400,000	156,000	2
Djidjelli	10,000	19,000	37,000	22,000	0
Stora et Philippeville....	149,000	917,000	918,000	662,000	9
Bône....................	1,461,000	2,084,000	979,000	1,509,000	21
La Calle................	»	»	617,000	206,000	3
Algérie.................	3,933,000	7,585,000	10,198,000	7,237,000	100

TABLEAU n° 3.
Valeur des importations par année.

NOMS DES PORTS.	1852.	1853.	1854.	MOYENNE De 1852 à 1855.	PART de CHAQUE PORT
Nemours................	101,000	93,000	115,000	103,000	»
Oran et Mers-el-Kébir...	17,712,000	20,374,000	22,961,000	20,349,000	28
Arzew et Mostaganem....	1,475,000	1,579,000	1,392,000	1,482,000	2
Ténez..................	607,000	640,000	751,000	666,000	1
Cherchel...............	310,000	255,000	200,000	255,000	»
Alger..................	30,801,000	32,969,000	33,613,000	32,461,000	45
Dellys.................	9,000	9,000	21,000	13,000	»
Bougie.................	597,000	105,000	498,000	400,000	1
Djidjelli..............	94,000	555,000	199,000	282,000	»
Stora et Philippeville...	9,275,000	11,372,000	14,303,000	11,650,000	16
Bône...................	4,031,000	4,237,000	5,160,000	4,476,000	6
La Calle...............	383,000	405,000	490,000	426,000	1
Algérie................	65,395,000	72,591,000	79,703,000	72,563,000	100

TABLEAU n° 4.
Valeur des exportations par année.

NOMS DES PORTS.	1852.	1853.	1854.	MOYENNE De 1852 à 1855.	PART de CHAQUE PORT
Nemours................	45,000	37,000	35,000	39,000	»
Oran et Mers-el-Kébir...	4,977,000	9,558,000	9,432,000	7,989,000	25
Arzew et Mostaganem....	999,000	1,667,000	2,584,000	1,750,000	6
Ténez..................	745,000	2,139,000	2,906,000	1,930,000	6
Cherchel...............	54,000	166,000	91,000	97,000	»
Alger..................	4,771,000	8,608,000	11,425,000	8,268,000	26
Dellys.................	447,000	82,000	89,000	206,000	1
Bougie.................	4,728,000	1,235,000	2,112,000	2,025,000	7
Djidjelli..............	363,000	146,000	1,300,000	603,000	2
Stora et Philippeville...	3,122,000	3,439,000	6,270,000	4,277,000	13
Bône...................	2,825,000	1,996,000	3,957,000	2,926,000	9
La Calle...............	598,000	2,069,000	1,917,000	1,528,000	5
Algérie................	21,654,000	31,142,000	42,118,000	31,638,000	100

TABLEAU n° 5.

Nature des exportations.

NOMS DES PORTS.	VALEUR MOYENNE EN 1852, 1853 ET 1854.					
	CÉRÉALES.	PEAUX ET LAINES	HUILES.	TABACS.	MINÉRAUX.	AUTRES PRODUITS.
Nemours	19,000	8,000	»	1,000	8,000	3,000
Oran et Mers-el-Kébir...	3,747,000	1,414,000	33,000	189,000	»	2,606,000
Arzew et Mostaganem....	1,117,000	236,000	»	»	»	397,000
Ténez	1,604,000	47,000	»	»	48,000	231,000
Cherchel...............	62,000	19,000	»	»	»	16,000
Alger..................	2,011,000	1,718,000	869,000	1,087,000	38,000	2,543,000
Dellys.................	43,000	3,000	160,000	»	»	»
Bougie	361,000	14,000	1,605,000	»	»	45,000
Djidjelli	438,000	12,000	146,000	»	»	7,000
Philippeville et Stora....	1,957,000	1,681,000	9,000	32,000	51,000	547,000
Bône...................	1,279,000	521,000	5,000	112,000	61,000	918,000
La Calle...............	11,000	18,000	»	»	658,000	841,000
Provinces (d'Alger	4,883,000	1,658,000	33,000	190,000	8,000	3,006,000
Provinces (d'Oran........	3,720,000	1,787,000	1,029,000	1,087,000	86,000	2,792,000
Provinces (de Constantine	4,046,000	2,246,000	1,765,000	144,000	770,000	2,388,000
Algérie.................	12,649,000	5,691,000	2,827,000	1,421,000	864,000	8,186,000

Jusqu'en 1851, sous l'empire de la guerre et d'une législation douanière peu libérale, l'Algérie n'a fait qu'un commerce d'importation alimenté par les besoins de l'armée, dont Oran, Alger et Philippeville (port de Constantine) avaient naturellement le monopole. Sous l'influence de la paix et de la loi de douane de 1851, qui a admis en franchise les produits algériens sur les marchés de la métropole, ce commerce factice se transforme rapidement en un commerce régulier basé sur un échange de marchandises. Comme poids, l'aliment du fret est déjà plus abondant d'Algérie en Europe que d'Europe en Algérie ; comme valeur, le rapport des exportations aux importations, qui s'était maintenu sans variation à 10 p. 0/0 pendant vingt ans, s'est brusquement élevé à 33 p. 0/0 en 1852, et a atteint 43 et 53 p. 0/0 en 1853 et 1854. L'accroissement des importations, malgré une réduction notable dans l'effectif des troupes, prouve qu'elles ont désormais un tout autre objet que l'approvisionnement de l'armée; la progression continue et rapide des exportations, malgré l'invariabilité du chiffre de la population européenne, constate l'essor considérable qu'a pris, dans ces dernières années, la culture arabe. La centralisation du commerce algérien dans les trois ports qui commandent militairement les trois provinces n'est donc plus qu'une anomalie et tend à disparaître. La période des travaux publics qui s'ouvre pour l'Algérie accroîtra cette tendance en dégageant par degrés la situation des circonstances fortuites qui ont hâté le développement des ports principaux et comprimé celui des ports secondaires. L'importance acquise jusqu'ici par chacun d'eux sous l'empire des événements qui ont présidé à la conquête du pays est jusqu'à un certain point indépendante de leur valeur propre, résultant de leurs qualités nautiques et de la richesse des territoires que leur situation géographique les appelle à desservir. Elle ne saurait donner la mesure de leur importance à venir; Arzew et Bougie, qu'aucune route ne rattache à l'intérieur du pays, ne sont encore que des impasses où les bâtiments ne viennent guère qu'en relâche forcée; tandis qu'Alger, doté à grands frais d'un vaste port et d'un réseau de routes qui pénètrent profondément à l'intérieur du pays, est devenu, en dépit de la nature, le grand marché maritime de l'Algérie; sa suprématie actuelle sur les autres ports algériens se maintiendra longtemps encore par la force de l'habitude, par l'attraction commerciale qu'exerce une très-grande ville, siége du gouvernement. On peut douter que cette suprématie artificielle se perpétue ; on peut affirmer, du moins, qu'aussitôt que le commerce de l'Algérie sera établi sur des bases régulières, Bougie et Arzew prendront une très-grande part à ce commerce. Les qualités nautiques de ces deux ports, leurs relations avec l'intérieur de l'Afrique, invariables depuis des siècles, parce qu'une topographie puissante les régit, les désignent comme les deux grands entrepôts du commerce futur de l'Europe avec le Sahara algérien et l'Afrique centrale.

Si l'on compare les divers ports de l'Algérie au point de vue de leurs qualités nautiques et de la richesse des territoires qu'ils sont naturellement appelés à desservir, on est conduit à les classer ainsi qu'il suit : Bougie, Arzew, Alger, Philippeville, Bône, Oran, Ténez, La Tafna, Djidjelli, Collo, La Calle, Mostaganem, Nemours, Cherchel, Dellys ; cet ordre d'importance diffère essentiellement de celui qui résulte des faits actuels.

PROPRIÉTÉS MILITAIRES.

Les côtes méridionales de France, situées vers le fond d'un golfe, dans un angle rentrant de la Méditerranée, n'exercent aucun commandement sur cette mer. Elles sont trop éloignées de Gibraltar, de Malte, d'Alexandrie et de Constantinople pour offrir à notre flotte une bonne base d'opérations dans la Méditerranée (*pl.* 1).

Le littoral algérien s'avance en mer comme un immense bastion, il commande sur une longueur de 100 myriamètres la route qui conduit des mers du Levant à tous les marchés du N. de l'Europe et de l'Amérique ; il touche au détroit de Gibraltar et au canal de Malte, qui seront toujours les principaux théâtres de nos luttes maritimes.

La possession de ce littoral triple le développement de nos côtes dans la Méditerranée ; elle place la navigation entre les échelles du Levant et l'Océan sous le feu de nos corsaires; elle rapproche notre flotte et notre armée de Gibraltar, de Malte, de l'Égypte, du Bosphore, et appuierait nos opérations militaires dans toutes les contrées du midi de l'Europe : elle nous donne donc les moyens de sauvegarder notre honneur et notre antique influence sur la Méditerranée, où se concentrent de nos jours les intérêts commerciaux et politiques du monde.

La frontière maritime de l'Algérie est naturellement protégée par les falaises abruptes qui forment la côte et par le rideau de montagnes qui la borde. Dans l'état actuel de notre occupation, un débarquement de troupes ennemies n'est possible que dans l'un des golfes ou baies formées par les cinq grandes sinuosités du rivage : d'abord, parce que ces points sont les seuls qui offrent des communications faciles avec l'intérieur du pays et, en second lieu, parce que la flotte qui aurait mis des troupes à terre devrait rester près du lieu de débarquement pour les approvisionner, les protéger et les recueillir au besoin.

La baie d'Alger, les golfes d'Oran, de Bougie, de Philippeville et de Bône sont donc, du côté de la mer, les seules brèches ouvertes à l'invasion; fermer ces brèches, en fortifiant les rades qui les commandent, ce serait empêcher l'ennemi de prendre pied en Algérie et restreindre ses attaques à des entreprises purement maritimes, dont le bombardement ou le blocus de quelques ports serait le but.

Les bombardements par mer ont été jusqu'ici infiniment rares; probablement parce qu'ils n'ont jamais eu d'influence sur l'issue d'une guerre, et peut-être aussi parce que le péril était égal, sinon supérieur pour l'agresseur. Il en sera probablement de même dans l'avenir, car, si l'emploi des navires à vapeur facilite l'attaque, l'armement des batteries de côte avec des canons Paixhans facilite la défense. Au reste, la plupart des places maritimes de l'Algérie sont protégées contre un bombardement par la position qu'elles occupent dans des golfes dangereux, où les escadres craindront toujours de s'engager.

Le blocus général des côtes d'Algérie n'est pas à redouter : il suffit, pour en être convaincu, de se rappeler qu'avant 1830 nous avons vainement tenté de bloquer un seul port, celui d'Alger. L'ennemi ne pouvant mouiller nulle part sur cette côte de fer serait astreint à une navigation sans repos. En été, les brumes amenées par les vents d'E. et l'irrégularité des courants le forceraient à tenir le large ; en hiver, la fréquence des vents et de la grosse mer de la partie N. O. ne lui permettrait de faire que de courtes et lointaines apparitions sur la côte ; aux premières apparences de mauvais temps, il devrait regagner la haute mer ; à chaque coup de vent, il serait obligé d'aller chercher un refuge à Gibraltar, à Malte ou dans un des ports d'Italie.

Le blocus d'un port algérien serait donc nécessairement intermittent ; il serait très-difficile pour des croiseurs isolés, et à peu près impossible pour un ennemi, que la crainte d'être surpris par notre flotte forcerait à naviguer en escadre.

Le régime des vents et de la mer dans la Méditerranée assurerait d'ailleurs, en dépit des croisières les plus actives, les communications entre la France et l'Algérie : lorsque le vent du N. O., si justement et si pittoresquement nommé *Il Maestro* par les Italiens, souffle avec violence, il débloque à la fois les côtes de France et d'Algérie; un convoi, parti de Toulon ou de Port Vendres par un vent grand frais de cette partie, arriverait en moins de deux jours à destination, sans autres risques que la chance d'une rencontre en mer avec l'ennemi. Une semblable rencontre est peu probable; elle n'exposerait pas d'ailleurs le convoi et son escorte à un bien grand danger, car la grosse mer empêcherait nécessairement toute attaque sérieuse.

Les grands vents d'E. et de S. E. amènent les tempêtes sur la rive européenne de la Méditerranée et voilent le littoral algérien sous un rideau de brumes; ils débloqueraient donc les côtes méridionales de France, et empêcheraient une escadre de blocus de serrer de près la côte d'Algérie. Les navires partis, avec ces vents, d'Alger, de Bougie ou de Bône pourraient arriver en 48 heures à Toulon. Ils auraient de grandes chances de se dérober aux croisières ennemies, grâce à la nuit et à la brume qui auraient protégé leur départ, et à la grosse mer qui aurait nettoyé les atterrages des côtes de Provence.

Ainsi, la permanence des vents traversiers d'O. et d'E. dans la Méditerranée facilite les communications entre la France et l'Algérie; le régime nautique du littoral algérien rend un blocus partiel intermittent et, par conséquent, illusoire; son étendue rend un blocus général impossible; en dépit des croisières ennemies, la route entre la France et l'Algérie deviendrait libre pour le départ, par les grands vents du N. O.; et, pour le retour, par les grands vents de S. E.; dans l'un et l'autre cas, elle serait franchie en 48 heures.

Ces considérations sur le régime des vents et de la mer dans la Méditerranée prouvent que les croisières les plus actives ne sauraient empêcher le va-et-vient de nos convois entre la France et l'Algérie; que, par conséquent, le concours de notre flotte et de notre marine à vapeur ne serait pas absolument nécessaire pour établir, en temps de guerre maritime, les communications entre l'Algérie et la métropole.

Le ravitaillement de l'armée d'Afrique sera donc assuré, alors même que la flotte ennemie serait maîtresse de la mer, dès que chacune des trois provinces de l'Algérie offrira à nos convois un port où ils puissent séjourner en toute sécurité.

PORT DE NEMOURS.
(Djama-Ghazaouat)

Pl. 3.

PROPRIÉTÉS SPÉCIALES DE CHAQUE PORT.

MOYENS DE LES UTILISER ET DE LES DÉVELOPPER.

Les ports de l'Algérie sont dépourvus d'établissements ; leurs propriétés nautiques, commerciales et militaires sont encore à l'état de tendance ; il serait impossible d'arrêter aujourd'hui pour ces ports une classification définitive : les classer d'après les faits actuels ne serait pas juste ; les classer d'après la prévision de faits à venir serait imprudent : nous les décrirons donc dans l'ordre de situation géographique.

NEMOURS.

(*Pl.* 3.)

Nemours, situé à 4 myriamètres de la frontière, est le dernier point occupé sur la côte Ouest d'Algérie ; un centre de population y a été créé en 1847 sur l'emplacement d'un poste militaire établi en 1844, à l'occasion de la guerre du Maroc. Les barraquements, auxquels on commence à substituer des maisons en pierre, occupent en arrière d'une belle plage un joli ravin, que domine un village en ruine, jadis habité par des forbans ; de là le nom arabe de Djemaa-Ghazaouat (assemblée des pirates), sous lequel on désigne encore cette position.

L'anse de Djemaa-Ghazaouat est limitée à l'O. par une pointe rocailleuse entourée de rochers plats, et à l'E. par de hautes falaises, au sommet desquelles s'élève un phare ; elle fait face au N. N. O. et n'offre pas le moindre abri ; la belle plage qui la borde est saine et accore ; elle est facile à accoster par une mer calme, mais la plus légère houle du large suffit pour la rendre impraticable.

Les bâtiments jettent l'ancre en dehors de l'anse, par 14 à 15 mètres d'eau, fond de sable. Ce mouillage en pleine côte est dangereux même en été ; on doit le quitter aux premières apparences de mauvais temps, pour aller relâcher aux îles Zafarines, situées à 27 milles (environ 5 myriamètres) dans l'Ouest. Ces îles, placées à 3 kilomètres du rivage, présentent entre elles et la terre un abri sûr par tous les vents. Elles sont l'annexe et le complément du port de Nemours, et devraient, à ce titre, être une dépendance de la côte algérienne.

Nemours est l'entrepôt de Nedroma, de Lalla-Maghrnia, et partage avec Oran le transit de Tlemcen et de Zebdou. Le col à l'entrée duquel elle est placée paraît être, dans le voisinage de la frontière du Maroc, la communication la plus facile entre la mer et l'intérieur du pays ; mais l'anse de Djemaa-Ghazaouat, qui forme le port, est dépourvue de toute qualité nautique. Les dangers du mouillage, les déradages forcés, les lenteurs et les difficultés du débarquement font que le ravitaillement de ce poste, pendant la mauvaise saison, est la tâche la plus pénible et la plus périlleuse que notre marine ait à remplir sur la côte d'Algérie. Si les circonstances exigeaient qu'un corps de cinq à six mille hommes fût rassemblé en hiver sur la frontière du Maroc, l'approvisionnement de cette petite armée par Nemours ne serait pas assuré. L'approvisionnement par le port d'Oran, placé à 20 myriamètres, à travers des populations comprimées, mais toujours hostiles, présenterait, dans certaines circonstances qu'il faut prévoir, des difficultés plus grandes encore.

L'anse de Djemaa-Ghazaouat est située à l'exposition directe de tous les vents dangereux ; elle a 1,400 mètres d'ouverture sur 300 mètres de profondeur, et présente, par conséquent, un emplacement aussi défavorable que possible pour fonder un port. La construction de batteries de côte, d'un bon débarcadère et l'établissement d'un système de halage pour les bateaux du pays sont les seules améliorations qu'elle réclame. Une dépense de 80,000 fr. suffira pour les réaliser. Le débarcadère devra être à claire-voie, pour que les sables de la plage, auxquels les tempêtes de N. O. et de N. E. impriment un mouvement de va-et-vient, ne s'accumulent pas contre les deux faces. On aurait pu, dans les premières années de l'occupation, remédier aux inconvénients nautiques attachés à cette position au moyen d'un dépôt établi aux îles Zafarines, et d'un batelage entre ces îles et Nemours, analogue à celui qui existe entre Mers-el-Kébir et Oran, Arzew et Mostaganem ; mais depuis 1847, les îles Zafarines sont occupées par les Espagnols ; le port de Nemours, ainsi privé du mouillage qui devait le compléter, ne saurait suffire à sa destination première ; il y aura lieu dès lors d'établir ailleurs (probablement à l'embouchure de la Tafna.) l'entrepôt maritime du territoire de Tlemcen.

BAIE DE LA TAFNA.

(*Pl.* 17.)

La Tafna, petite rivière qui passe à Tlemcen, débouche à la mer en face de l'île Rachgoun, à travers une petite plaine que ses alluvions ont contribué à former; la plage qui borde cette plaine est appuyée à l'E. sur une étroite langue de terre couronnée par le fort du môle et à l'O. sur une grosse pointe entourée de rochers noirs dont le plus au large est l'îlot Siga. Elle est assez accore, puisqu'on y trouve généralement 2 mètres d'eau à 100 mètres de terre et 4 mètres à 200 mètres; mais le fond, à ses abords, est très-inégal; il est semé de récifs vers les extrémités et de bancs de sables mouvants vers le centre, où débouche la rivière.

L'anse de la Tafna, comprise entre la pointe du môle et l'îlot Siga, a 1,300 mètres d'ouverture sur 400 à 500 mètres de profondeur et fait face au N. N. O; elle est battue en plein par la houle du large, qui se brise avec force sur les récifs et les bancs de sable qu'elle rencontre aux abords de la plage. Les embarcations accostent la terre à l'O. ou à l'E. de la pointe du môle, selon le vent régnant. Cette pointe longue et étroite, qui s'avance en mer normalement à la plage, forme en effet une sorte de débarcadère naturel.

Rachgoun est une petite île d'origine volcanique, de 60 mètres de hauteur; elle renferme des carrières de pouzzolane de qualité médiocre, mais qu'on a cependant employée avec succès pour la construction du port d'Oran; elle est située à 2,000 mètres de terre; elle a 1,000 mètres de longueur S. S. E. et N. N. O. sur 400 mètres de lar-

CROQUIS DE LA BAIE DE LA TAFNA. Pl. 17.

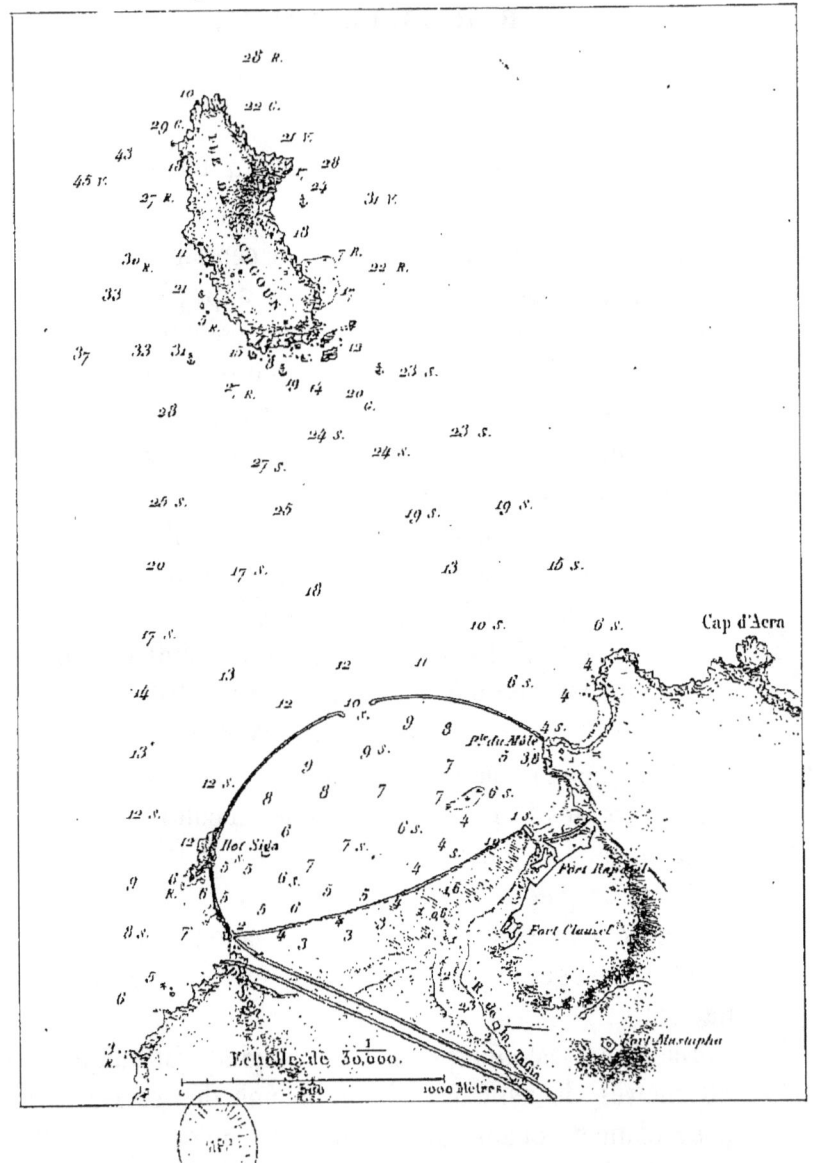

gour ; elle est saine et très-accore ; on mouille autour de cette île, à l'E. ou à l'O. suivant le vent, par 25 à 30 mètres d'eau sur un assez bon fond, mais de manière à appareiller facilement à la première saute de vent ; les caboteurs et les barques du pays s'y abritent contre les vents du N. en mouillant tout près de la pointe Sud.

La Tafna coule dans une vallée étroite et encaissée à travers la région montagneuse qui sépare Tlemcen de la mer ; elle est torrentielle jusqu'à deux lieues de la côte, mais elle offre en tout temps vers son embouchure, sur un développement de 4 à 5 kilomètres, des profondeurs d'eau de 2 mètres ; elle constituerait donc un port de petits caboteurs si son entrée n'était pas barrée par des bancs de sable sur lesquels il n'y a guère que $0^m 2$ d'eau ; ces bancs de sables mouvants, comme ceux de la plage elle-même, sont portés vers l'E. par les tempêtes de N. O., et vers l'O. par les tempêtes de N. E. Ces mouvements désordonnés des sables rendent l'embouchure tortueuse, la déplacent sans cesse et la comblent parfois ; la rivière déborde alors dans la plaine et y laisse des eaux stagnantes qui la rendent malsaine.

La baie de la Tafna offre donc naturellement un mouillage d'été derrière l'île Rachgoun, une assez belle plage de débarquement et une rivière d'un tirant d'eau suffisant pour le petit cabotage. Ces qualités, toutes restreintes qu'elles soient, sont fort précieuses sur une côte abrupte, sans abris naturels, sans communications possibles avec l'intérieur du pays. Malgré ses défauts nautiques, malgré son insalubrité, l'anse de la Tafna est le port naturel et nécessaire de Tlemcen, comme elle en est le port historique. L'éloignement d'Oran, l'impossibilité d'améliorer le port de Nemours, lui assurent dans un avenir plus ou moins lointain l'exportation des produits d'un riche territoire et le transit des marchandises que les caravanes apportent, à Tlemcen, du Maroc et de l'intérieur de l'Afrique.

Le port peut être établi ou à Rachgoun ou dans l'anse de la Tafna ou dans la rivière même ; de là, trois systèmes distincts pour développer les propriétés naturelles de cette position.

On ne peut guère améliorer le mouillage de l'île Rachgoun qu'en recouvrant la crique de l'E. par une jetée, de 500 mètres de longueur, courant vers le S. E., sur des fonds où il y a en moyenne 25 mètres d'eau. On serait conduit ainsi à une dépense de 4 à 5 millions pour créer un mauvais port de 12 hectares, placé à 2,000 mètres de terre et isolé de l'île Rachgoun elle-même par un rivage escarpé. Ce serait un bien grand travail pour un résultat insignifiant ; l'idée de créer un port d'abri à Rachgoun ne supporte donc pas l'examen.

La pensée d'établir un port de débarquement de 10 à 12 hectares sous la pointe Siga ou sous la pointe du môle, à l'une des extrémités de l'anse, n'est pas plus heureuse ; dans cette donnée, on ne pourrait créer au moyen d'une dépense de 2 à 3 millions, qu'un port exigu et à peu près inabordable, qui serait enseveli sous les sables avant d'avoir pu être achevé. On pourrait peut-être garantir ce port des alluvions que la rivière charrie en détournant l'embouchure en dehors de l'anse, mais il n'en serait pas moins comblé aux premières tempêtes, par les sables mouvants qui préexistent sur la plage et à ses abords.

Pour créer dans l'anse de la Tafna un port à l'abri des ensablements, il sera nécessaire de recouvrir l'anse tout entière et de rejeter l'embouchure de la rivière en dehors du côté de l'O. ; dans ce système de travaux, qui est indiqué en rouge sur le plan, les jetées enracinées sur les pointes du môle et de Siga auraient un développement de 1,300 mètres, et seraient fondées par des hauteurs d'eau de 8 mètres en moyenne. Elles embrasseraient un bassin de 60 hectares, accessible aux grands navires marchands, s'ouvrant au N. en face l'île Rachgoun par une passe de 150 mètres.

La pierre et la pouzzolane seraient en quelque sorte à pied d'œuvre; néanmoins, la dépense pour l'ensemble des travaux s'élèverait à 6 millions. Ce port artificiel serait doué de toutes les qualités nautiques essentielles; l'entrée et la sortie seraient faciles en tout temps, et l'agitation qui s'introduirait par la passe serait amortie à l'intérieur du bassin, par la masse des eaux, jusqu'à devenir insensible. Le détournement de la Tafna en dehors de la jetée Ouest, dans une région rocheuse où l'embouchure ne serait plus obstruée, assurerait la salubrité de la plaine; la saillie des jetées, en dehors du gisement général du rivage, empêcherait tout dépôt d'alluvions aux abords du port, et garantirait sa conservation.

Le résultat obtenu d'après ce plan de travaux serait en rapport avec la dépense; mais on peut se demander si l'importance de la position légitimera jamais une dépense de 6,000,000. Il faudrait pour cela que l'ancienne capitale du royaume de Tlemcen eût recouvré son antique splendeur, et qu'elle fût reliée à l'anse de la Tafna par un chemin de fer ou du moins par une bonne route. Jusque-là la pensée d'un grand établissement maritime dans cette anse pourra être considérée comme chimérique; nous ne l'avons esquissé que pour prouver que la province de Tlemcen n'est pas fatalement et à tout jamais condamnée à commercer avec l'étranger par la voie lointaine du port d'Oran.

On doit se borner, de nos jours, en vue de faciliter le ravitaillement de Tlemcen, à rendre le lit de la Tafna accessible aux petits caboteurs. La faiblesse du cours d'eau et la mobilité de la plage sont des obstacles sérieux pour le succès de cette entreprise. Elle échouerait certainement si on se contentait d'endiguer l'embouchure actuelle entre deux jetées pleines, mais elle réussira probablement si l'entrée de la rivière, reportée vers la pointe Siga, y est endiguée jusqu'aux profondeurs de 3 mètres entre deux jetées à claire-voie, d'après le mode qui paraît usité en Italie sur les petits cours d'eau qui servent d'exutoire aux Marais-Pontins de la Romagne et aux Reggi-Lagni du royaume de Naples. Ces jetées à claire-voie n'arrêtent pas le mouvement des sables le long du littoral, comme les épis formés par les jetées pleines ; en fixant le chenal, elles favorisent son approfondissement, sans altérer le système du fond, sans modifier le régime préexistant des atterrissements. Ce régime, à l'extrémité Ouest de l'anse, où la nature rocheuse du fond prouve que les sables ne s'arrêtent pas, est des plus rassurants. L'entrée de la rivière, fixée dans cette région par deux jetées à claire-voie, ne s'obstruera plus, et l'îlot Siga, en la masquant en partie de la houle du large, en faciliterait l'accès. Sans affirmer la réussite de cette opération, nous la recommandons comme la seule tentative à faire pour améliorer à peu de frais les conditions nautiques de l'anse de la Tafna.

Ce projet d'endiguement de l'embouchure de la Tafna coûterait 150,000 francs. Il tend à assainir la plaine et à transformer le lit de la rivière en un port de cabotage et de pêche, que le mouillage de Rachgoun compléterait ; cette amélioration suffirait pour le moment et permettrait d'attendre que l'avenir, en fixant la valeur commerciale de l'anse de la Tafna, ait déterminé l'importance de l'établissement définitif qu'on devra y créer.

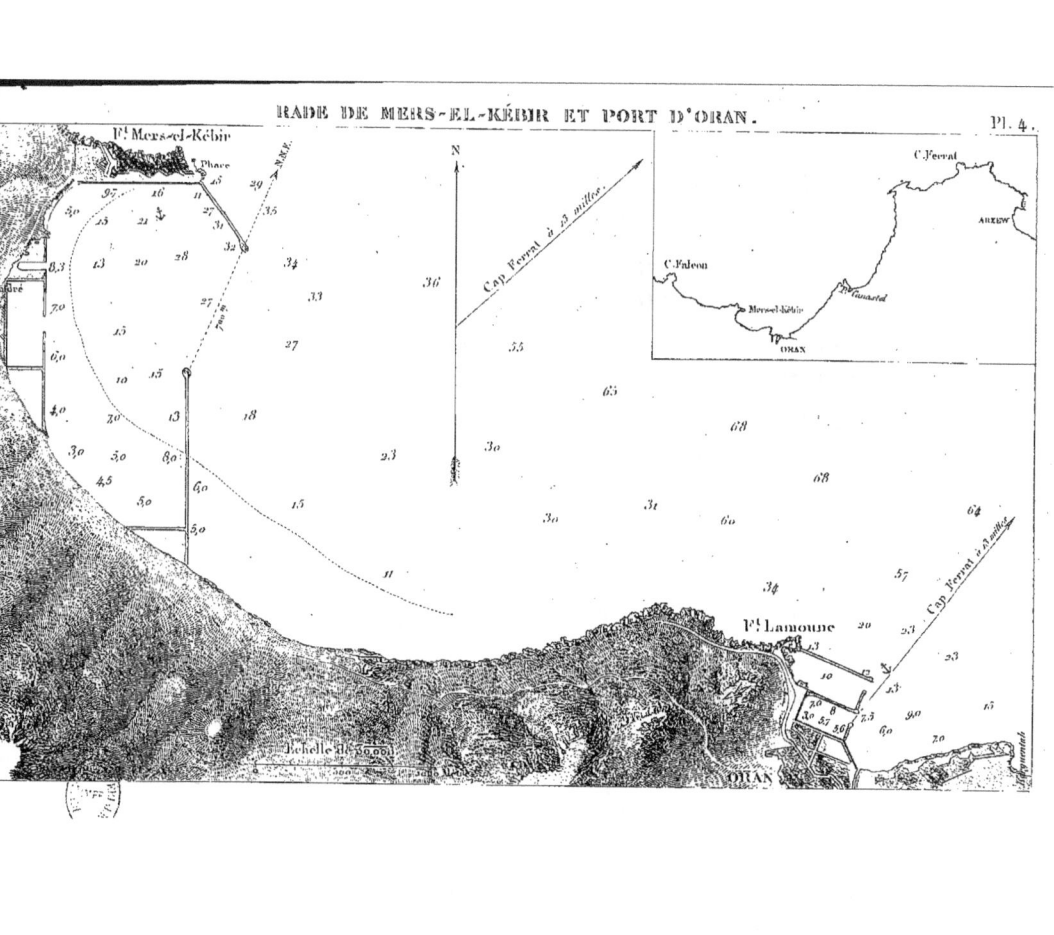

BAIE D'ORAN.

Le golfe d'Oran, compris entre le cap Falcan et le cap Ivi, est divisé en deux grandes baies par le cap Ferrat (*pl.* 2).

La baie d'Oran à l'O. est bordée par des falaises adossées à des montagnes qui l'isolent de l'intérieur des terres; son caractère est éminemment militaire.

La baie d'Arzew à l'E. est généralement bordée par des plages derrière lesquelles s'étendent d'immenses plaines, traversées par les principales rivières de la province; son caractère est purement commercial.

Cette distinction préalable entre deux baies qui se touchent est essentielle pour que les établissements maritimes qu'on voudra y créer ne forment pas double emploi; elle est consacrée, dans le passé, par l'histoire et justifiée, pour l'avenir, par la topographie du pays.

Les marines militaire et marchande pourront s'établir et se développer à l'aise dans ces deux baies sans être froissées par leur contact; ces deux marines ne sont pas hostiles, mais elles ont des allures incompatibles qui ne leur ont jamais permis de prospérer, ou même de vivre, côte à côte; on doit tendre à les séparer dans la province d'Oran, puisqu'elles l'ont été partout et toujours sur les côtes de France.

Cette considération assigne *à priori* aux ports d'Oran et d'Arzew deux rôles distincts, analogues à ceux de Toulon et Marseille, Rochefort et Bordeaux, Brest et Nantes, Cherbourg et le Havre. La marine militaire n'apprécie que les qualités offensives et défensives d'une position; elle recherche les mouillages profonds qui n'existent guère que sur les côtes rocheuses et dans les pays de montagne : elle préférera toujours la baie d'Oran. La marine marchande se préoccupe surtout de la facilité des échanges ; elle recherche les rades enfoncées dans les terres, les plaines et les vallées : elle préférera toujours Arzew.

La baie d'Oran a 16 milles d'ouverture sur 7 milles de profondeur et fait face au N. N. O.; elle est abritée à l'O. par le cap Falcan, au S. par des terres élevées et à l'E. par le cap Ferrat. Les vents du large, repoussés par les montagnes qui la bordent, n'y entrent pas généralement, mais la houle qu'ils soulèvent grossit à mesure qu'elle s'y propage et bat en plein le pied des falaises du fond de la baie que domine la ville d'Oran. La seule région de la baie abritée de la grosse mer du large est l'anse de Mers-el-Kébir, située sur la rive occidentale à 5 kilomètres N. O. de la ville.

Le mouillage de Mers-el-Kébir et la ville d'Oran, reliés par une bonne route qui serpente sur les flancs escarpés de la montagne, ne forment pas deux positions distinctes offrant les éléments d'un port militaire et d'un port marchand ; ils se complètent l'un par l'autre et ne sont à bien dire que la porte de mer et la porte de terre d'une même place maritime. Les Espagnols qui ont possédé cette place pendant près de trois siècles avaient bien compris la liaison intime de Mers-el-Kébir et d'Oran, et ils l'avaient consacrée en enveloppant les deux positions par une ligne de forts détachés. Cette place fut pour eux ce que Gibraltar est pour les Anglais, un poste exclusivement militaire, dont l'isolement ne leur permit pas de prendre pied dans le pays.

La baie d'Oran ne reçoit aucun cours d'eau et s'ouvre en mer par de très-grands fonds, entre deux caps de schistes crétacés qui résistent à l'action destructive des vagues. Elle est donc à l'abri des alluvions fluviales et marines et ne peut être atterrie que par des causes toutes locales.

La rive Est entre le cap Ferrat et Oran est formée de grès tendres reposant sur l'argile; elle est corrodée sur une grande partie de son étendue. Les sables provenant de ses débris sont charriés le long de la côte du N. au S.; ils s'accumulent naturellement dans l'anse Canastel et surtout dans l'anse Karguentah qui forme le fond de la baie et borde Oran à l'Est. Ils n'envahiront l'anse Lamoune située au N. de la ville qu'après avoir comblé celle de Karguentah. Cette éventualité est trop lointaine pour qu'il y ait lieu de s'en préoccuper. Si les atterrissements occasionnés par les érosions de la rive Est de la baie interdisent d'établir un port à l'E. d'Oran, ils n'ont rien de menaçant pour celui qu'on pourra créer au N.; la seule cause actuelle d'atterrissement dans l'anse Lamoune est le ruisseau qui y débouche : on pourra s'en garantir en rejetant ce ruisseau en dehors du port.

La rive Est de la baie n'est attaquée que sur un point, dans l'anse même de Mers-el-Kébir ; les détritus sableux provenant de cette érosion partielle sont maintenus entre les saillies des pointes Mers-el-Kébir et Lamoune et ne sortent pas de l'anse ; ces détritus sont en petite quantité ; les grandes profondeurs d'eau qu'offre le mouillage permettent de n'en tenir aucun compte.

MERS-EL-KÉBIR.

(*Pl.* 4.)

PROPRIÉTÉS NAUTIQUES.

L'anse de Mers-el-Kébir est située dans la région occidentale de la baie d'Oran, sur une côte rocheuse et escarpée où la place manque pour des établissements importants; elle est couverte au N. par une presqu'île de 150 mètres de largeur moyenne, qui s'avance comme un môle de l'O. à l'E., sur une longueur de 900 mètres; elle est parfaitement abritée à l'O. et au S. par les hautes montagnes qui la bordent, et protégée, des aires de vent au-dessous du N. E., par les terres du cap Ferrat.

Cette anse n'est tourmentée que par les grosses mers de la partie N. E. et par les violentes rafales de vent qui tombent du S. O. par une gorge de la montagne. On y mouille avec confiance en toute saison, par 15 à 25 mètres d'eau, sur un fond de sable fin, d'une bonne tenue. Ce mouillage peu enfoncé dans la baie est facile à prendre par tous les temps; mais, en été, les calmes et les folles brises y gênent parfois l'appareillage.

La rade de Mers-el-Kébir, limitée à la ligne N. N. E. et S. S. O. passant par la pointe du phare, a 50 hectares d'étendue; elle offre à une flotte de 15 vaisseaux, 10 vapeurs et 100 bâtiments de transport, une station assez bonne, même en hiver. Son mouillage est mieux abrité que celui de Gibraltar; la sécurité qu'il présente, sans être parfaite, est plus que suffisante pour des navires de guerre. En mars 1842, par un coup de vent de N. E., 29 bâtiments y ont été jetés à la côte ; en 1849, 8 navires y ont fait naufrage ; mais ces désastres, les seuls qui aient eu lieu sur cette rade depuis l'occupation, doivent être attribués à la négligence des capitaines, à l'économie mal entendue qui préside à l'armement de certains navires du commerce, et non au défaut de sûreté du mouillage ; les bâtiments les plus exposés ayant été pourvus de bonnes amarres, par la direction du port, résistèrent parfaitement à la tempête ; aucun sinistre n'aurait eu lieu, s'il eût été possible de prêter des câbles ou des chaînes à tous les navires qui en manquaient.

Le meilleur mouillage est dans la région Nord de l'anse, à couvert de la grosse houle du N. et du N. N. E., que les vents de large soulèvent dans la baie. En fermant le cap Ferrat par la pointe de la presqu'île, et avec une bonne ancre au S., pour résister aux rafales du S. O. et au ressac, les navires amarrés à terre jouissent d'une sécurité complète.

Le quai qui règne le long de la presqu'île est accessible aux vaisseaux ; mais le vent et la houle interdisent aux grands navires de l'accoster. Les opérations d'embarquement et de débarquement se font au moyen de chalands sur la portion de quai établi en plage artificielle à l'O. du fort, en avant du village de Mers-el-Kébir ; ils s'effectuent en général avec facilité et promptitude et ne sont interrompus que pendant les tempêtes, c'est-à-dire dix à douze jours par année.

Jusqu'à ces derniers temps, Mers-el-Kébir n'avait pas d'aiguade, les navires en rade étaient obligés d'envoyer faire leur eau à Oran ; cette obligation onéreuse pour le commerce pouvait devenir un inconvénient très-grave en temps de guerre. Elle n'existe plus, grâce à la conduite d'eau établie entre la source de Ras-el-Aïn, au-dessus d'Oran, et les quais de Mers-el-Kébir.

PROPRIÉTÉS MILITAIRES.

La rade de Mers-el-Kébir, sur laquelle une flotte peut stationner en toute saison, commande militairement les ports compris entre le cap Ténez et la frontière du Maroc ; elle est reliée par des routes stratégiques à tous nos centres d'action à l'intérieur du pays ; elle couvre et défend la frontière maritime des provinces d'Oran et de Tlemcen.

Les parages de Gibraltar ont été et redeviendraient encore le théâtre le plus habituel des batailles navales ; Mers-el-Kébir, placé sous le vent du détroit, offrirait à notre flotte après un combat malheureux un refuge facile à atteindre, même pour des vaisseaux désemparés.

Une escadre mouillée sur cette rade n'est qu'à 16 myriamètres des côtes d'Espagne ; elle a constamment le vent traversier pour aller et pour revenir, puisque dans ces parages le vent souffle 200 jours de la partie Ouest et 100 de la partie Est. La prédominance des vents et la permanence des courants d'O., qui rendent si difficile le passage de la Méditerranée dans l'Océan, lui permettent de surveiller très-efficacement le canal qui sépare l'Afrique de l'Espagne.

L'anse de Mers-el-Kébir est, en quelque sorte, isolée de l'intérieur du pays par une ceinture de montagnes inaccessibles à l'artillerie ; on ne peut l'attaquer par terre qu'en passant sur Oran, l'une des plus fortes places de l'Algérie. Les falaises abruptes qui forment la côte s'opposent à tout débarquement de troupes entre la rade et la ville ; mais la rade elle-même est très-ouverte et par conséquent très-vulnérable. Le fort espagnol, qui couronne la presqu'île, bat le mouillage au lieu de défendre ses abords ; les batteries de côte récemment construites ne protègent qu'imparfaitement la rade. Quelques frégates pourraient, sans trop de risques, venir brûler les navires au mouillage ; une escadre pourrait réduire le fort et la batterie, et s'emparer de la position en jetant deux à trois mille hommes à terre.

PROJET D'ÉTABLISSEMENT DÉFINITIF.

Mers-el-Kébir est aujourd'hui la meilleure rade militaire de l'Algérie ; la sûreté et l'étendue de son mouillage, sa situation géographique aux portes d'Oran, en face de Gibraltar, à proximité d'une frontière sans cesse menacée, lui donnent une haute valeur stratégique. Elle est un centre de protection pour la région Ouest de l'Algérie et assure le ravitaillement de l'armée dans les provinces d'Oran et de Tlemcen ; elle facilite la réunion de nos flottes de Brest et de Toulon, et tend ainsi à neutraliser l'influence de l'occupation de Gibraltar par les Anglais, qui a pesé d'un si grand poids dans nos dernières luttes maritimes.

L'anse de Mers-el-Kébir forme, à très-peu près, un demi-cercle de 800 mètres de rayon ouvert à l'E. 30° S.; elle offre un mouillage assez sûr pour des navires de guerre, mais qui est parfois bien tourmenté par les grosses mers de la partie N. E. On ne peut agrandir et améliorer la rade, et, surtout, la fermer aux attaques de l'ennemi qu'au moyen d'un grand développement de jetées, fondées par des profondeurs d'eau qui s'élèvent jusqu'a 33 mètres. La dépense énorme qu'exigerait cette œuvre ne saurait être proposée aujourd'hui, mais plus tard elle pourra paraître nécessaire. La position de Mers-el-Kébir, loin de Toulon et d'Alger, dans des parages où se rencontrent si souvent les flottes, rend en outre infiniment probable que cette rade sera un jour dotée d'une darse, d'une forme de radoub, de magasins d'approvisionnements et de chantiers, de manière à offrir à une escadre les moyens de se ravitailler et de se réparer après un combat.

Le projet d'établissement définitif indiqué sur le plan est basé sur ces prévisions ; il comprend une rade fermée ou port de 135 hectares, dont 100 bons pour les vaisseaux, et une darse de 12 hectares autour de laquelle seraient groupés le bassin de radoub, les magasins de ravitaillement et les chantiers de réparation. L'enceinte du port serait formée par deux jetées dont les musoirs arrêtés sur une ligne N. N. E. et S. S. O. laisseraient entre eux une passe de 700 mètres. Le môle Nord enraciné à la pointe de Mers-el-Kébir, et dirigé N. O. et S. E. sur 450 mètres de longueur, serait fondé en moyenne par 20 mètres de hauteur d'eau ; la digue Sud, enracinée à la côte et dirigée dans le méridien du phare, aurait 1,050 mètres de longueur et serait fondée en moyenne par 7 mètres d'eau. La darse serait établie au plus profond de l'anse en avant du village de Saint-André ; c'est l'emplacement où elle empiète le moins sur le port et où le rivage se prête le mieux à l'établissement des terrepleins pour les magasins et les chantiers.

Le môle Nord, qui assurerait le mouillage et doublerait son étendue, est le travail le plus utile ; tant qu'il n'aura pas été fait, il ne faudrait pas, sous prétexte de darse, rien retrancher de la rade actuelle, qui n'est déjà que trop petite. La digue d'enceinte du S. n'améliorera pas beaucoup le mouillage, et n'a pour objet que de le protéger contre les attaques d'une flotte ennemie ; elle ne devra être construite qu'en dernier lieu.

La dépense totale de ce projet s'élèverait à **25 millions**, savoir : 20 millions pour les travaux à la mer (jetées, darse et forme de radoub), et 5 millions pour les établissements de la marine à terre et pour les défenses. Son exécution donnerait à la France, en regard de Gibraltar, un bon port de refuge, d'agression et de réparation, qui couvrirait parfaitement la province d'Oran et serait une des meilleures bases d'opérations pour la flotte dans la Méditerranée. Mais cet avenir est séculaire ; la construction d'un port fermé et d'un arsenal de réparation sont des améliorations dernières qu'on ne saurait poursuivre à notre époque. Le projet que nous venons d'esquisser n'est donc qu'un spécimen de l'établissement naval que l'on pourra créer un jour à Mers-el-Kébir.

AMÉLIORATIONS IMMÉDIATES.

La rade de Mers-el-Kébir est le seul point de station que la région Ouest de la côte d'Algérie offre à nos escadres ; il importe donc de prendre au plus tôt les mesures qui peuvent nous assurer sa possession et nous faire jouir des avantages qui y sont attachés.

Pour protéger convenablement la rade, il faut établir de nouvelles batteries de côte, occuper par des tours les hauteurs qui la commandent et relier sa défense à celle d'Oran; pour la mettre à même d'appuyer les opérations de notre flotte, il faut la doter d'un grand parc à charbon et de vastes magasins de munitions, vivres et rechanges.

Ces diverses dispositions utiliseraient les propriétés naturelles de la rade ; elles la transformeraient en un port de refuge et de ravitaillement, capable de suffire, à la rigueur, aux éventualités qui naîtraient d'une guerre maritime.

La haute importance stratégique de la rade de Mers-el-Kébir, les dispositions hostiles des populations belliqueuses de la province d'Oran, désignent naturellement cette position aux premières attaques maritimes. Si les Anglais s'en emparaient, leur flotte, appuyée sur Gibraltar et sur Mers-el-Kébir, intercepterait toute communication entre la Méditerranée et l'Océan. Elle bloquerait hermétiquement la région Ouest de la côte d'Algérie, et nous forcerait à ravitailler toutes les places de la province d'Oran par Alger. L'armée ainsi privée de ses entrepôts de Nemours, d'Oran, de Mostaganem, de Ténez, ayant à se défendre contre l'insurrection arabe, contre le Maroc, et peut-être contre des troupes européennes, que l'ennemi, maître de la mer, pourrait jeter à volonté sur le théâtre de la guerre, serait dans une situation très-critique. La prise de Mers-el-Kébir par les Anglais assurerait donc leur domination dans la région de la Méditerranée qui touche au détroit de Gibraltar, et pourrait entraîner la perte de la province d'Oran. Quelque confiance que l'on puisse avoir dans le maintien de la paix avec une nation amie, la prudence commande néanmoins de se prémunir contre de semblables éventualités.

De grands et pressants intérêts réclament donc impérieusement la fortification de la rade de Mers-el-Kébir et la construction d'un grand parc à charbon et de vastes magasins de ravitaillement. *Ces premiers travaux, dont la dépense s'élève à* 2,000,000, *sont aussi utiles et plus urgents que l'achèvement du port d'Alger.*

ORAN.

(Pl. 4.)

La ville d'Oran, située absolument au fond de la baie, sur un rivage battu en plein par la houle du N. et où les vents du large n'arrivent pas, est naturellement à l'abri de toute attaque par mer ; elle s'étage par groupes irréguliers sur un terrain tourmenté et incliné à fortes pentes, que de hautes falaises isolent de la mer; elle est coupée en deux par un profond ravin où coule un ruisseau abondant dans la saison des pluies et se trouve placée entre deux petites anses, dont le fond est bordé par des plages adossées au pied des falaises. L'anse de Karguentah, à l'E., est le lieu de dépôt des sables provenant des érosions qu'éprouve la rive Est de la baie ; sa plage est vaste et tend sans cesse à s'accroître ; tout port qu'on tenterait d'y établir serait promptement comblé. L'anse de Lamoune, au N., est garantie des alluvions marines par la saillie en mer des deux pointes qui la limitent ; la plage exiguë qui s'est formée en avant du ravin est due à une cause toute locale ; le port qu'on pourra y créer ne sera que peu ou point atterri, si le ruisseau débouche en dehors des jetées.

L'anse Lamoune n'a de valeur que comme emplacement d'un port artificiel, car les ressources qu'elle offre naturellement à la marine sont à peu près nulles. Le débarquement ne peut avoir lieu que sur la rive Ouest, entre le fort et la ville, à l'abri de la pointe Lamoune ; une faible brise de N. E. suffit pour le rendre impossible. Le mouillage dans cette anse, battue en plein par la grosse mer du N., ne vaut absolument rien, le fond y est semé de roches et la grosse houle du large, resserrée entre deux rives escarpées, y acquiert une violence irrésistible; on ne saurait le quitter par les vents du large et on s'y trouve en perdition si ces vents fraîchissent. Les navires n'y viennent jamais, même en été, tous vont jeter l'ancre à Mers-el-Kébir, dont la rade est le véritable port d'Oran. Le débarquement devant la ville exige dès lors un transbordement sur rade et un batelage entre Mers-el-Kébir et Lamoune qui exposent les marchandises à être mouillées ou avariées ; une opération semblable est toujours longue et pénible, il faut la suspendre dès que la mer grossit, car le va-et-vient des chalands entre la rade et la ville est interdit et le quai de Lamoune n'est plus abordable. Dans les cas pressés, les débarquements s'opèrent sur le quai de Mers-el-Kébir, d'où les marchandises sont apportées par terre à Oran ; de là, des faux frais de toute nature qu'on peut évaluer en moyenne à 5 francs par tonneau.

Des conditions nautiques aussi mauvaises étaient naturellement intolérables pour une ville qui centralise les importations et les exportations de la province d'Oran et est après Alger le plus grand dépôt d'approvisionnement pour l'armée ; on dut songer à les améliorer en créant un port dans l'anse Lamoune. Cette anse est très-ouverte et offre à son entrée de très-grandes hauteurs d'eau. En la couvrant tout entière par des jetées on n'obtiendrait, au prix d'une très-forte dépense, qu'un port inaccessible de mauvais temps, où les bâtiments seraient bloqués par les vents du large, et dont les quais pris en entier sur la mer et adossés à des falaises seraient toujours difficiles à aborder du côté de terre.

La nature des lieux paraît donc se refuser à la création à Oran d'un port de commerce proprement dit et le caractère essentiellement militaire de la place ne l'exige pas. Son rôle de capitale et les routes qui la relient à Mascara, à Sidi-Bel-Abbès et à Tlemcen, lui ont donné provisoirement le monopole du commerce de la province, mais ce commerce reprendra tôt ou tard sa pente naturelle vers Arzew et vers la Tafna. Oran lui-même, que sa position excentrique rend peu propre au commandement militaire et administratif de la province, perdra son titre de capitale pour redevenir ce que la nature l'a fait, la porte de terre d'une grande rade militaire qui surveille le détroit de Gibraltar et protège la côte Ouest de l'Algérie. On n'a jamais songé en France à attirer à Toulon le commerce de Marseille, ou à faire de Brest un chef-lieu de département; on ne devrait pas chercher à perpétuer, en dépit de la nature, la suprématie administrative et maritime d'Oran. L'importance acquise par ce marché pendant une période de transition ne doit pas faire perdre de vue que son avenir commercial est très-modeste. La plus grande partie du territoire qu'il dessert aujourd'hui devant échapper à sa sphère d'action par le développement naturel des ports d'Arzew et de la Tafna, un port qui satisferait largement à son mouvement maritime actuel suffirait probablement à son mouvement futur.

Ces considérations, toutes générales qu'elles soient, nous paraissent devoir dominer la question du port d'Oran. Elles tendent à prouver qu'on ne doit créer qu'un petit bassin de débarquement devant la ville, destiné à affranchir le commerce des transports par terre et du batelage entre Mers-el-Kébir et Lamoune.

Dans cette donnée, si l'on tient compte de la nécessité de laisser en dehors du port le débouché du ruisseau, on n'a guère à opter qu'entre les deux dispositions indiquées sur le plan.

Le projet rouge, évalué à 3 millions, offre un bassin de 5 hectares, entouré de quais et un terre-plein de 2 hectares sur la rive Sud pour l'établissement de magasins.

Le projet bleu porte la dépense à 9 millions et la superficie du bassin à 10 hectares.

Au point de vue nautique, ces deux dispositions sont à peu près également mauvaises; un bassin de 5 ou de 10 hectares qui se trouve placé au fond d'une baie dangereuse et s'ouvre en mer par une passe de 50 mètres n'est pas un port; c'est un débarcadère abrité ou tout au plus une très-petite darse en dehors de la rade dont elle est l'annexe. Les navires à voiles n'y entreraient que par un très-beau temps et ils s'y trouveraient emprisonnés par les vents du large; ils n'y viendraient que pour effectuer leur déchargement et leur chargement et continueront toujours à stationner à Mers-el-Kébir. Les avantages du projet bleu ne paraissent pas dès lors assez grands pour justifier une augmentation de dépense de 6 millions. Un large développement de quais, en abrégeant les opérations de débarquement et d'embarquement, activerait le va-et-vient des navires et suppléerait ainsi, jusqu'à un certain point, à l'exiguité d'une darse de 5 hectares.

Ces considérations et le désir d'exonérer au plus tôt le commerce d'Oran des faux frais auxquels il était naturellement assujetti, ont motivé en 1845 l'adoption du projet rouge.

Les travaux poursuivis depuis 1847 avec des crédits annuels qui n'ont pas dépassé en moyenne 150,000 francs ont marché avec une extrême lenteur. Ces crédits, insuffisants pour des travaux à la mer, ont été absorbés en partie par le personnel, l'usure du matériel et les avaries occasionnées par les tempêtes. S'ils eussent été appliqués à l'exécution du projet bleu, ils n'eussent pas fait obtenir en dix ans une amélioration sensible. Ils ont suffi à assurer le mouillage et le débarquement devant la ville, et à conquérir sur la mer un vaste terre-plein, que la douane et le commerce ont immédiatement utilisé, en y construisant de beaux magasins. La région N. O. de la darse est dès aujourd'hui parfaitement calme, quel que soit le vent. Les navires amarrés sur la jetée Nord sont à l'abri des violentes rafales de N. O., qui tourmentent la rade de Mers-el-Kébir, et ils ne bougent pas par les coups de vent de N. E., qui obligent ceux mouillés sur cette rade à doubler leurs amarres. Le débarquement des marchandises continue à s'effectuer avec facilité sur le quai de Lamoune, alors qu'il est impossible à Mers-el-Kébir. Il coûte en moyenne 1 fr. 25 cent. au lieu de 2 fr. 50 cent., indépendamment du transport par terre qu'il supprime. La darse, bien qu'inachevée, rend déjà de grands services ; elle est fréquentée par les navires de 300 tonneaux et ne tardera pas à l'être par ceux de 600. Les courriers de France et ceux de la côte pourraient et devraient y venir.

Les digues d'enceintes de la darse projetée avec quai intérieur devant offrir la plus grande stabilité, on a dû les construire en totalité en très-gros blocs. La proximité des carrières et l'emploi de la pouzzolane de Rachgoun pour la fabrication du béton ont compensé le surcroît de la dépense qui paraissait devoir résulter de cette obligation. Le mortier, composé d'un volume de chaux et de deux volumes de pouzzolane de Rachgoun, est meilleur et coûte un quart de moins que celui fait avec un de chaux, un de sable et un de pouzzolane d'Italie. La dépense totale des travaux s'élève à 3 millions, mais elle se réduit à 2 millions en déduisant le prix des 2 hectares de terre-plein gagnés sur la mer en arrière du quai Sud.

La hauteur d'eau a un peu diminué dans la région Sud

de la darse, tandis qu'elle n'a pas varié dans la région Nord ; ce fait prouve que les sables mouvants qui existent au débouché du ravin restent collés à la côte, car sans cela ils se seraient déposés sous l'abri formé par la jetée Nord ; ils seront donc maintenus en dehors de la darse dès que la jetée Est aura atteint la longueur que le projet lui assigne. L'atterrissement peu considérable d'ailleurs qui s'est manifesté dans la région Sud de la darse est la conséquence de la lenteur avec laquelle les travaux ont marché ; il ne paraît pas de nature à inspirer des craintes pour l'avenir.

Après son achèvement, le port en construction dans l'anse Lamoune sera sensiblement à l'abri des atterrissements, il offrira un bassin rectangulaire de 5 hectares parfaitement abrité et entouré de vastes quais. Cette petite darse, où la profondeur d'eau varie entre 3 et 8 mètres, pourra contenir 20 bâtiments de commerce de toute grandeur et autant de balancelles. Elle sera très-heureusement complétée par la rade de Mers-el-Kébir. Son étendue pourra être doublée en créant une seconde darse au N., si cet agrandissement devenait un jour nécessaire.

Cette solution de la question du port d'Oran a dû paraître mesquine aux personnes qui veulent conserver à ce marché sa suprématie actuelle. En combattant cette tendance, en signalant Arzew comme le grand port de transit de la province, nous avons peut-être tenu trop de compte de la valeur intrinsèque d'Arzew et pas assez de la fortune acquise d'Oran. Un port de 5 hectares à Oran est en contradiction flagrante avec un système de viabilité qui fait converger sur cette ville tous les produits de la province. Il ne pourra pas servir de tête aux chemins de fer projetés sur Orléansville et sur Tlemcen. Puisqu'un grand avenir commercial est nécessairement réservé soit à Oran, soit à Arzew, il faut ou créer à tout prix un grand port dans l'anse Lamoune, ou modifier le système de viabilité actuel qui laisse Arzew dans l'isolement. En plaidant dans l'intérêt de la marine la cause d'Arzew, nous ne nous dissimulons pas que des intérêts plus puissants, sinon plus grands, défendent celle d'Oran. Ce procès devrait être tranché au plus tôt par une enquête sur la valeur des deux positions et sur le rôle que l'intérêt général de la province leur assigne ; les résultats de cette enquête permettraient au gouvernement de rétablir entre les travaux à terre et les travaux à la mer l'unité de vue indispensable pour qu'ils ne se contrarient pas.

BAIE D'ARZEW.

La baie d'Arzew, généralement bordée par des terres basses, a 28 milles d'ouverture, du cap Ferrat au cap Ivi, sur 10 milles de profondeur; elle regarde le N. N. O. et se trouve par conséquent battue en grand par le vent et la houle du large. On n'y est à couvert des tempêtes de la partie Nord que dans l'anse d'Arzew, derrière la pointe rocheuse qui limite la baie à l'Ouest. La rive Est, sur laquelle s'élève la ville de Mostaganem, est une côte droite, placée à l'exposition des vents dominants de N. O., et n'offre par conséquent aucune ressource nautique.

De Mostaganem à Ténez, sur un développement de 25 lieues, le rivage est généralement formé de falaises peu élevées, offrant des grès sableux très-friables, au-dessus d'une couche d'argile. Les eaux de pluie, en s'infiltrant entre les deux couches, font glisser les sables; tandis que les vagues, en sapant la falaise par le pied, forment des encorbellements qui tombent à la mer par lambeaux et s'y réduisent promptement en sables et en vases.

Les vases, délayées à chaque grosse mer, sont entraînées en sens divers au gré des courants; elles ne tardent pas à disparaître d'un rivage qui ne leur présente aucun abri et vont se déposer au large, dans les grands fonds.

Les sables, maintenus à la côte, sont portés vers l'E. ou vers l'O., selon le vent régnant. Les parties les plus grossières, retenues dans les anfractuosités du rivage, y forment de petites plages au pied des falaises. Les parties les moins denses doublant les pointes peu avancées en mer, voyagent au loin et ne sont arrêtées que par les saillies du cap Ferrat et du cap Ténez. L'obliquité de la côte par rapport à la direction normale des vagues, favorisant leur transport vers l'O., les mouvements alternatifs que les tempêtes leur impriment les portent en définitive au fond de la baie d'Arzew, où leur accumulation a formé de vastes plages.

La destruction des falaises à l'E. de Mostaganem est donc la principale cause des atterrissements dans la baie d'Arzew; mais cette cause n'est pas unique, car le Chélif et la Macta charrient de leur côté dans cette baie des sables et des vases.

Le Chélif débouche entre Mostaganem et le cap Ivi; c'est le plus grand cours d'eau de l'Algérie, c'est le seul qui ne soit jamais obstrué. Il coule toujours librement en mer à travers deux bancs de sable qui s'étendent en pointe jusqu'à 1 mille au large. Son embouchure, dont l'inflexion au S. O. accuse la marche vers l'O. des sables du littoral, offre une hauteur d'eau minima de $1^m 50$. Le volume considérable de ses eaux, son débouché en saillie sur une côte rocheuse déjà avancée en mer, autorisent à penser qu'on pourrait fixer et approfondir le chenal de manière à le rendre accessible aux caboteurs. Il faudrait pour cela l'endiguer entre deux jetées pleines, légèrement convergentes, défilant l'entrée de la houle du Nord. Le courant de la rivière maintiendrait la profondeur en dedans des jetées, tandis que l'action incessante des vagues écréterait les dépôts sableux qui tendraient à former une barre au dehors et les rejetterait sur la rive Ouest, d'où ils seraient portés vers la baie d'Arzew. Ce système a pleinement réussi dans des conditions moins favorables à l'embouchure de l'Hérault, dont le lit se raccorde avec le talus sous-marin sans aucun restant de fond ou barre. Ce résultat n'est pas accidentel puisqu'il se maintient depuis deux siècles; il a été la conséquence de la disposition donnée aux jetées de l'Hérault, disposition qu'on ne pourra arrêter pour le Chélif qu'à la suite d'une étude approfondie du régime des eaux et des atterrissements à son embouchure; l'endiguement de cette rivière n'ayant rien d'urgent, nous ne demandons pas que cette étude soit faite, nous nous bornons à signaler pour l'avenir la possibilité de créer à l'embouchure du Chélif un port de cabotage et de pêche.

La Macta débouche au plus profond de la baie d'Arzew à travers une plage qui s'atterrit notablement. La rive gauche s'appuie sur une pointe rocailleuse, en saillie d'un tiers de mille vers le N., où l'on remarque quelques ruines romaines et à l'abri de laquelle les petits caboteurs peuvent se mettre. Son lit, jusqu'à une demi-lieue du rivage, offre des hauteurs d'eau de 3 mètres, mais son embouchure, obstruée par une barre sur laquelle il n'y a jamais plus de 1 mètre d'eau, se ferme parfois. Les eaux de la rivière débordent alors dans la plaine et y forment les immenses marécages qui la rendent malsaine. La situation de cette embouchure au S. de la baie, dans la région où les détritus sableux des falaises tendent naturellement à s'accumuler, ne permet pas d'espérer qu'on puisse fixer et approfondir l'entrée de la rivière de manière à la rendre accessible aux caboteurs. On échouerait certainement en endiguant la rivière entre des jetées pleines et on ne réussirait probablement pas en l'endiguant entre des jetées à claire-voie.

Quel que soit au reste le succès des tentatives que l'on pourra faire un jour pour améliorer les embouchures du Chélif et de la Macta, les résultats obtenus n'intéresseront que le petit cabotage et la pêche. Le mouillage d'Arzew est donc la seule ressource naturelle que la baie offre à la navigation.

RADE D'ARZEW.

Pl. 5.

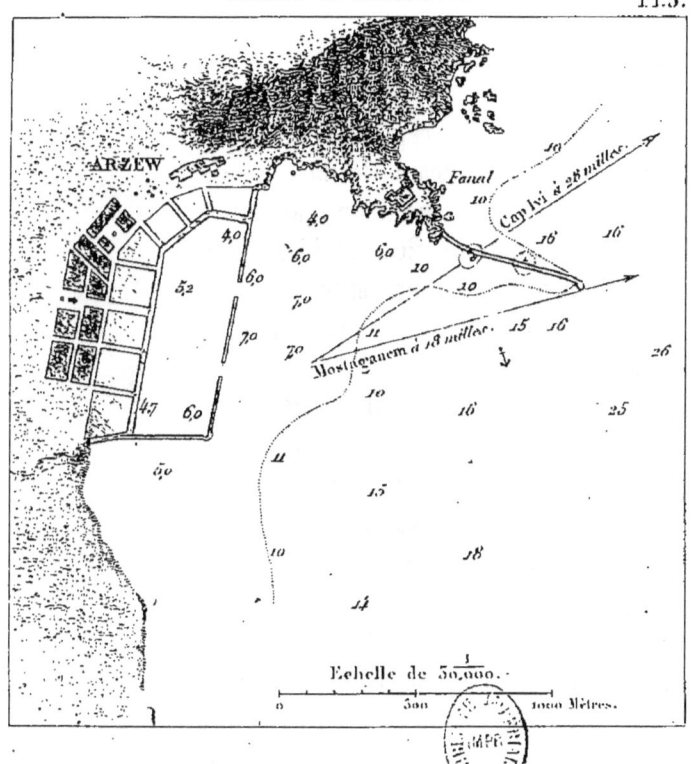

ARZEW.

(*Pl.* 5.)

PROPRIÉTÉS NAUTIQUES.

L'anse d'Arzew, située dans la région occidentale de la baie, est formée par un rentrant de la côte de 1,200 mètres ; elle constitue un des meilleurs ports naturels de l'Algérie, et peut contenir 200 bâtiments de commerce de toute dimension ; son enceinte présente au N. une falaise rocheuse, et à l'O. une plage basse, à l'origine de laquelle la ville est établie. On n'y trouve, à 100 mètres du rivage, que des profondeurs d'eau de 1, 2 et 3 mètres ; cette zone de petits fonds enlève au mouillage une superficie de 8 hectares parfaitement abrités et gêne les débarquements ; elle a nécessité l'établissement d'un débarcadère, construit en 1846 et 1847, en avant de la ville.

Les vaisseaux et frégates mouillent à l'entrée de l'anse, par 12, 15 et 20 mètres d'eau, sur un fond de sable d'une faible tenue ; ils n'y sont bien que pendant la belle saison. Les navires marchands et les petits bâtiments de guerre se placent en dedans de l'anse, par des profondeurs d'eau variables depuis 4 jusqu'à 10 mètres, en fermant la pointe d'Arzew par le cap Ivi. Dans cette position, ils sont à couvert du vent et de la houle, et n'ont rien à craindre d'une tempête. Le ressac produit par les coups de vent du N. et du N. E. n'incommode pas les navires au mouillage, mais il est assez violent aux abords du rivage pour interrompre les débarquements.

Ce ressac qui longe le rivage du S. au N. ne nous paraît pas devoir être attribué à la réflexion générale des grandes ondes du large sur la rive Est de la baie ; il provient surtout de la réflexion de la houle du N. E. sur la pointe qui limite au S. l'anse d'Arzew ; il n'existerait pas ou du moins il serait très-faible si la saillie de la pointe du fort était assez avancée vers l'E. pour rejeter en dehors de l'anse la houle qui la contourne.

Le mouillage d'Arzew est moins exposé que celui de Mers-el-Kébir aux folles brises et aux violentes rafales du N. O.; les vents forts y soufflent plus franchement et les vents faibles y sont dominés en été par les brises solaires ; ce régime des vents favorise les mouvements d'entrée et de sortie, lesquels sont d'ailleurs facilités par la position du mouillage à l'ouvert de la baie.

Cette position avancée en mer est, en outre, une garantie contre les atterrissements. L'action incessante des vagues qui porte au fond de la baie les sables fins provenant des érosions de la rive Est, tend à les y maintenir et les empêche de remonter la rive Ouest, du S. au N.; si ces alluvions arrivaient jusqu'à la rade d'Arzew, elles auraient depuis longtemps recouvert le fond d'une couche uniforme. Or, ce fond est très-mêlé ; il est de roche et de pierrailles près du rivage, et de sable mélangé de gros graviers et d'herbiers au mouillage. Les petits fonds qui bordent la plage en avant de la ville ne sont pas des bancs de sables fins, mais des amas de graviers et de pierres généralement recouverts d'herbiers. Ces bancs peuvent provenir ou d'anciennes érosions des falaises rocheuses au N. de la rade, ou du lest jeté par les navires qui venaient autrefois charger à vide à Arzew. Quelle que soit au reste leur origine, leur invariabilité attestée par la végétation marine qui les recouvre prouve que l'anse d'Arzew ne s'at-

.errit pas sensiblement et qu'on pourra, par conséquent, y créer un port sans craindre qu'il soit ensablé.

A la différence des autres rades de l'Algérie, Arzew offre un très-bel emplacement de ville, sur un terrain plan qu'aucun obstacle naturel ne sépare de l'intérieur du pays. Le seul inconvénient grave de cette position maritime est le manque d'eau douce. L'eau des anciens puits d'Arzew est légèrement saumâtre en été, celle de Tsémamide qui alimente aujourd'hui la ville ne suffit pas à ses besoins ; à défaut d'un puits artésien, qu'on a poussé sans succès jusqu'à 100 mètres, on peut amener à Arzew les eaux de Sainte-Léonie ou de Christel. La conduite de Sainte-Léonie ne coûterait que 60,000 francs, mais l'eau, quoique meilleure que celle de Tsémamide, est cependant de qualité médiocre ; l'eau de Christel est excellente, mais la conduite coûterait 1 million. Chacune de ces sources peut fournir 4 litres d'eau par seconde ; il n'est donc pas impossible de doter Arzew d'une bonne aiguade ; il suffirait d'y conduire les eaux de Sainte-Léonie, en attendant que l'importance de la ville légitime la dépense nécessaire pour y conduire celles de Christel.

PROPRIÉTÉS COMMERCIALES.

La rade d'Arzew est la meilleure de la côte d'Algérie, celle du moins qu'on peut le plus facilement approprier aux besoins d'un grand commerce. Elle a derrière elle les riches vallées du Sig, de l'Habra, de la Mina et du bas Chélif, elle est l'entrepôt naturel de Relizane, de Mascara et de Sidi-Bel-Abès. Elle communique avec le Sahara oranais par Mascara, Saïda et Geryville plus facilement que tout autre point de la côte ; elle paraît naturellement appelée à centraliser le commerce d'exportation des immenses plaines qui l'entourent et le transit qui s'établira, par le Sahara oranais, entre l'Europe et l'intérieur de l'Afrique (*pl.* 2).

Cette rade était, sous les Turcs, le principal port d'exportation de la province d'Oran. Le grand nombre de silos destinés à l'emmagasinage des céréales atteste l'importance de son commerce. Pendant la guerre d'Espagne, il en est parti plus de 300 navires par an, chargés de grains et de bestiaux pour l'armée anglaise. En 1831, malgré la perturbation jetée dans le pays par la prise d'Oran, plus de 100 navires y sont venus charger de l'orge et du blé.

L'exportation des produits du sol, interrompue pendant la longue période de la conquête, a repris, depuis la soumission des Arabes, un nouvel essor; mais elle se fait par Oran et Mostaganem qui sont les deux grandes villes maritimes de la province; le village d'Arzew, écrasé entre ces deux puissants voisins, n'a d'autre industrie que la pêche et une exploitation de salines sans avenir; mais il se relèvera de sa longue déchéance aux dépens d'Oran et de Mostaganem qui ne sont pas des ports et ne peuvent guère le devenir. Le commerce maritime lutte sur ces deux points contre des difficultés matérielles incorrigibles qui s'aggravent à mesure qu'il grandit. Il n'a pas abandonné sans regret une rade sûre, facile à accommoder à tous ses besoins pour venir se heurter contre les falaises d'Oran et de Mostaganem. Il reprendra tôt ou tard son antique voie d'Arzew. Ce village n'était en 1845 qu'un petit poste militaire; l'essor qu'il a pris dans les trois années qui ont suivi n'a pas été suffisamment encouragé par l'administration et n'a abouti qu'à une déception. Sans routes carrossables et sans aiguade, Arzew n'est encore qu'une impasse, qu'un lieu de relâche pour les navires que le mauvais temps chasse de Mostaganem. Mais les qualités nautiques de sa rade et la topographie générale de la province d'Oran lui assignent le premier rang parmi les ports marchands de la région Ouest de l'Algérie. Les intérêts particuliers d'Oran et de Mostaganem pourront retarder longtemps encore ses développements, mais ils ne prévaudront pas contre les intérêts généraux du commerce. Ce qui existe en Algérie est bien peu de chose par rapport à ce qui sera. Le jour où un réseau de chemins de fer pourra être établi dans la province d'Oran, on reconnaîtra que Arzew est le seul port qui puisse devenir la tête de ce réseau ; l'artère qui aboutira sur cette rade deviendra la principale ; il ne conviendrait donc pas de l'allonger pour raccourcir les voies sur Oran et sur Mostaganem.

PROJET D'ÉTABLISSEMENT DÉFINITIF.

La meilleure partie du mouillage d'Arzew n'est pas accessible aux vaisseaux ; cette position maritime se trouve d'ailleurs commandée par la rade militaire de Mers-el-Kébir, située à 5 myriamètres seulement dans l'O. ; elle est donc sans intérêt pour la marine militaire. Son caractère est essentiellement commercial : Arzew sera un jour le grand port marchand de la province d'Oran, comme Mers-el-Kébir en sera le grand port militaire.

La pointe d'Arzew, qui ferme la rade au N. E., se prolonge sous l'eau dans la direction de l'E. S. E. sur une longueur d'environ 500 mètres ; en dedans de cette ligne de récifs, dont quelques têtes apparaissent au-dessus de l'eau, on trouve des profondeurs variables depuis 10 jusqu'à 15 mètres. L'établissement d'une digue sur ces récifs agrandirait à peu de frais la rade et annulerait le ressac produit par la houle du N. E. La construction en avant de la ville d'un arrière-port ou darse compléterait cette belle rade couverte, en donnant toute facilité au mouvement des marchandises. Cette darse, indiquée sur le plan, offre une étendue de 20 hectares, des hauteurs d'eau de 4 à 5 mètres et un développement de quais de rive de 1,000 mètres ; on pourrait l'étendre ultérieurement vers le S., de manière à doubler à peu près son étendue, sans empiéter sur le mouillage ; elle serait d'ailleurs ainsi que la rade sensiblement à l'abri des atterrissements.

Les carrières d'Arzew ne pouvant pas fournir de gros blocs, les jetées seraient construites en béton ; le prix n'en serait pas augmenté, puisque les profondeurs sont faibles. Les digues d'enceinte de la darse, fondées dans une eau tranquille, n'auraient pas besoin d'être épaisses pour être solides ; la dépense pour l'ensemble des travaux s'élèverait à 5 millions ; elle serait couverte en grande partie par la valeur des terres-pleins gagnés sur la mer autour de la darse.

Ce projet d'établissement maritime ferait d'Arzew un très-beau port marchand comparable de tout point à nos meilleurs ports de France. Son exécution serait aujourd'hui prématurée : la culture des plaines de l'Habra, du Sig, du bas Chélif et de la Mina, dont les produits agricoles s'exportaient autrefois par Arzew, et l'ouverture de routes reliant cette ville à l'intérieur du pays, doivent précéder sur ce point tout grand travail à la mer. Tel quel, le port d'Arzew est parfaitement sûr ; il n'aurait besoin, pour suffire à un grand mouvement commercial, que d'être doté d'une aiguade et d'un quai.

AMÉLIORATIONS IMMÉDIATES.

L'anse d'Arzew offre à un convoi une rade parfaitement

abritée contre la tempête, et à une escadre une rade foraine, mais néanmoins tenable en toute saison. Les qualités nautiques de cette position maritime, les facilités qu'elle présente pour un débarquement de troupes, l'appui que les populations hostiles des territoires voisins offriraient à l'ennemi, légitimeraient la construction immédiate de batteries de côte, capables de commander le mouillage et de mettre la ville à l'abri d'un coup de main.

D'un autre côté, Arzew ne saurait tarder à prendre rang parmi les principaux marchés de la côte d'Algérie, et cet avenir prochain nécessitera l'établissement d'une aiguade et d'un débarcadère commode ; en construisant, à titre de débarcadère, le quai Nord de la darse, on travaillerait pour l'avenir tout en satisfaisant aux besoins présents. Ce quai établi dans la région la mieux abritée de la rade, par des hauteurs d'eau de 4 mètres, serait généralement accostable; les opérations de déchargement et de chargement s'y effectueraient avec facilité et promptitude et ne seraient interrompues que très-exceptionnellement, par les tempêtes de N. E.

La fortification de la rade, la construction d'une aiguade et d'un quai sont les seules améliorations immédiates ou prochaines que comporte le port d'Arzew; ces travaux, dont la dépense s'élèverait à 600,000 francs, satisferaient à notre époque à tous les besoins de la paix et de la guerre; ils ne présentent pas un très-grand caractère d'urgence : dans presque tous les ports de l'Algérie, il y a des intérêts maritimes en souffrance, *il n'y a à Arzew qu'une rade sûre et commode non utilisée.*

MOSTAGANEM.

(Pl. 6.)

Mostaganem, ancienne et riche cité arabe, est depuis son occupation, en 1833, l'un des points les plus importants de notre domination en Algérie. C'est par son port que Mascara était ravitaillé pendant la guerre, c'est par lui que les produits des vallées de la Mina, de l'Hillil et du bas Chélif sont exportés aujourd'hui.

La ville, établie sur un plateau à 1,000 mètres du rivage, est traversée par le ruisseau d'Aïn-Sefra. La direction du port et quelques magasins sont les seuls établissements placés au bord de la mer ; ils ont peu de valeur et sont d'ailleurs protégés contre une agression par les mauvaises qualités du mouillage et les difficultés du débarquement.

Le rivage de Mostaganem, formé par des falaises rocheuses dont le pied est çà et là revêtu de sable, n'offre aucune crique, aucune anfractuosité prononcée dont on puisse tirer parti pour la création d'un port ; il est battu par tous les vents du large et se trouve placé à l'exposition des vents dominants du N. O. Pendant les premières années de l'occupation, les navires mouillaient à 800 mètres de la côte, sur un fond de sable et roche où ils perdaient souvent leurs ancres. Les barques de la localité éprouvaient de fréquentes avaries en se halant sur une grève étroite et parsemée de rochers, qui disparaissait à chaque tempête, pour se reformer ensuite peu à peu. Les débarquements généralement impossibles en hiver étaient interrompus en été par la brise journalière du large. Cet état

PORT DE MOSTAGANEM.

Pl. 6

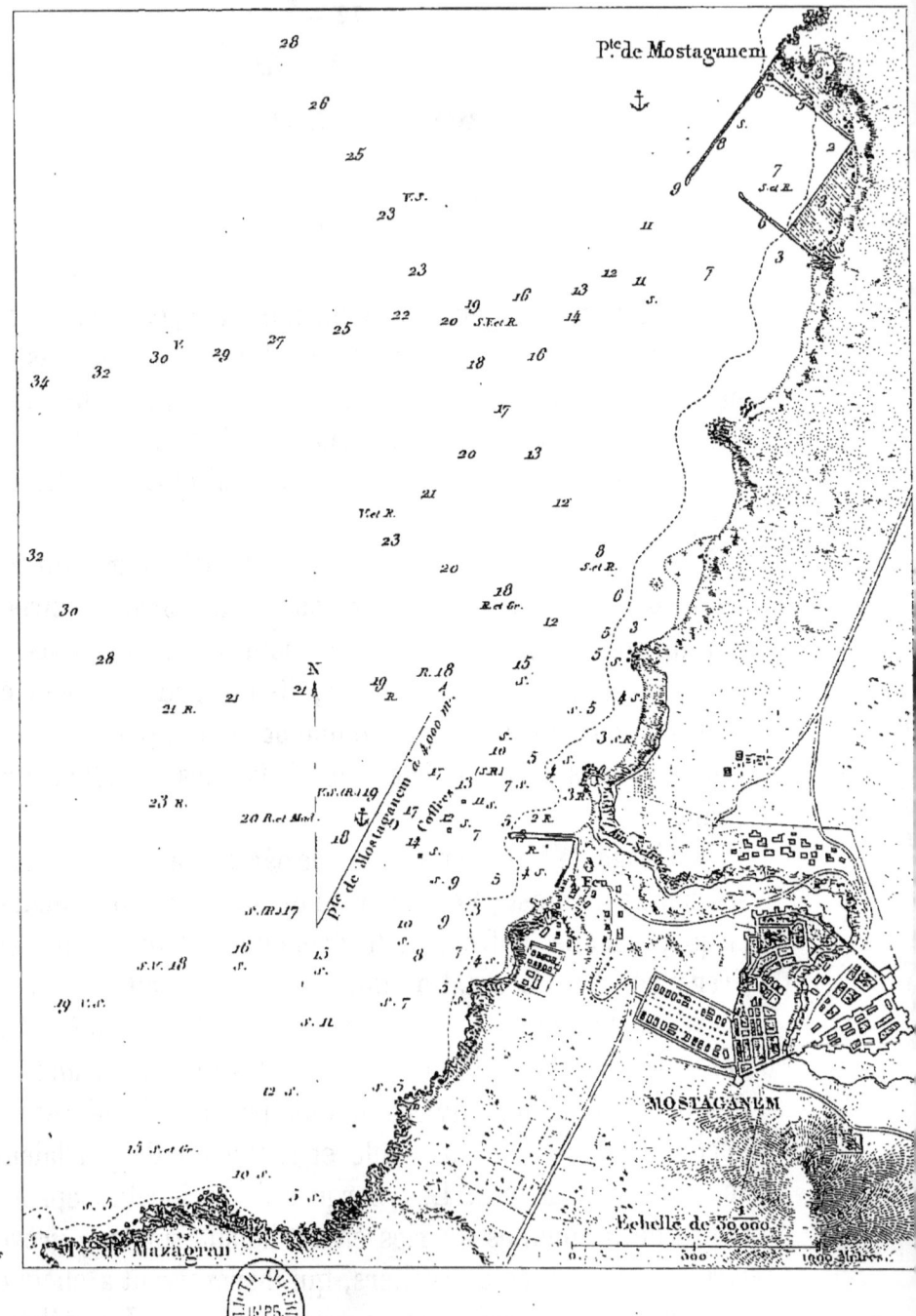

de choses a été récemment amélioré par l'établissement de trois corps morts à 400 mètres du rivage et par la construction d'un débarcadère en maçonnerie et d'une cale de halage. Les corps morts abrègent le batelage pour l'embarquement et le débarquement des marchandises en permettant aux navires de stationner près de terre ; le débarcadère les facilite en abritant les embarcations de la houle du N. E., qui rend la grève inabordable ; la cale de halage supplée pour les chalands et les barques du pays à l'instabilité et à la mauvaise nature de la plage.

Ces améliorations de détail n'ont fait qu'atténuer les inconvénients du transit des marchandises par Mostaganem. Le débarquement fréquemment interrompu en été ne s'effectue en hiver que par exception. Par les vents de N. E. les navires restent généralement en rade tant qu'ils peuvent tenir sur les corps morts. Mais ils se hâtent de la quitter aux premières apparences d'un grand vent de N. O. pour aller attendre à Arzew que la grève de Mostaganem soit redevenue praticable.

Les dangers du mouillage maintiennent le fret et les assurances à un taux très-élevé, tandis que les déradages forcés, les lenteurs et les difficultés du batelage, le camionage entre le débarcadère et la ville, accroissent outre mesure le prix du débarquement des marchandises. Le commerce maritime de Mostaganem se fait donc encore dans les conditions les plus défavorables qu'on puisse imaginer ; il est grevé de faux frais de toute nature et n'est possible qu'à cause de la proximité du refuge d'Arzew. Il faudrait, pour qu'il pût se développer, créer à Mostaganem un port de débarquement ou darse dont Arzew serait la rade.

L'emplacement le moins mauvais en vue de cet établissement, le seul que l'on puisse songer à utiliser, est situé à 3,000 mètres au N. de la ville, sous la pointe de Mostaganem. En adoptant le tracé figuré en rouge sur le plan on pourrait créer sur cet emplacement, au moyen d'une dépense de 4 à 5 millions, une darse carrée de 20 hectares, bordée de quais et s'ouvrant au S. par des fonds de 7 mètres ; mais ce port, éloigné de la ville, et imparfaitement protégé des vents par des terres basses et par le parapet des digues, serait très-défectueux et ne vaudrait pas la dépense qu'il faudrait faire pour l'établir ; sa passe étroite et masquée de la houle du large ne serait praticable à l'entrée comme à la sortie que par un très-beau temps. Son existence serait d'ailleurs menacée par les sables que les vagues poussent le long de la côte du Chélif à la Macta. Ces sables ne se fixent pas aujourd'hui sur le rivage de Mostaganem, puisqu'ils disparaissent à chaque tempête en laissant la roche à nu ; mais la masse des ouvrages du port ferait probablement l'effet d'un épi. En arrêtant le mouvement de va-et-vient des sables, elle les forcerait à s'accumuler sur la face Sud, et provoquerait ainsi aux abords de la passe des atterrissements qui ne tarderaient pas à la combler.

Si donc le rivage de Mostaganem ne se refuse pas absolument à la création d'un port, on chercherait du moins en vain, sur la côte d'Algérie, un emplacement plus ingrat. L'entrepôt maritime que la nécessité a fait établir sur ce point n'a d'avenir qu'à titre de succursale du port d'Arzew, qui redeviendra inévitablement le grand marché maritime de la province d'Oran ; une ville sans port ne peut pas espérer continuer d'attirer à elle la grande navigation, elle doit se résigner au commerce de cabotage. Mais la fortune acquise de Mostaganem et la richesse des territoires voisins légitimeraient, à défaut d'un port de débarquement que la nature des lieux ne permet guère d'établir à proximité de la ville, une large amélioration du débarcadère établi en 1846 à la pointe de l'Aïn-Sefra; ce débarcadère dirigé E. et O. a 100 mètres de longueur sur 4 mètres de largeur; en doublant ses dimensions actuelles, on abrégerait notablement les opérations d'embarquement et de débarquement, et on supprimerait le batelage pour les navires au-dessous de 100 tonneaux, lesquels pourraient venir charger directement en tête du débarcadère. Ce travail, évalué à 200,000 francs, est le seul que l'on doive entreprendre à Mostaganem, il peut être considéré comme une des conséquences de l'essor remarquable que ce marché maritime a pris dans ces dernières années.

TÉNEZ.

(Pl. 7.)

La ville de Ténez, située sur un plateau élevé de 30 mètres, a été établie en 1843 sur l'emplacement de l'antique *Cartenna*. Elle est bordée au N. par une falaise à pic qui la sépare de la mer, et à l'E. par une étroite vallée où coule l'Oued-el-Allah. Elle occupe, à l'O. du cap Ténez, le fond d'une anse très-ouverte, battue en plein par tous les vents dangereux. Un petit débarcadère en bois et quelques magasins sont établis sur la plage qui règne au pied du plateau de la ville. Cette plage étroite, dont les abords offrent plusieurs bancs de roche presque à fleur d'eau, est toujours difficile à accoster, et devient impraticable dès qu'une petite brise de mer s'élève.

Les grands bâtiments mouillent en pleine côte, à 900 mètres, dans le N. de la ville, par 12 à 14 mètres d'eau, fond de sable. Ce mouillage est assez bien abrité du côté de l'E. par les terres, mais il n'est pas tenable par les vents du N. et du N. O.; lorsque ces vents soufflent, l'appareillage est dangereux, car il est très-difficile, sinon impossible, de doubler la saillie du cap Ténez et de gagner la haute mer. Deux corps morts solidement établis par 8 et 5 mètres d'eau permettent aux navires de s'approcher du débarcadère ; on ne prend guère ce poste que par un très-beau temps et on doit se hâter de le quitter aux premières apparences d'un grand vent du large.

Les caboteurs trouvent un abri assez sûr, contre les aires de vent au-dessous du N. O. et du N. E., derrière un massif d'îlots, situé à 1,500 mètres dans le N. E. de la ville, et à 500 mètres du rivage. L'éloignement du débarcadère

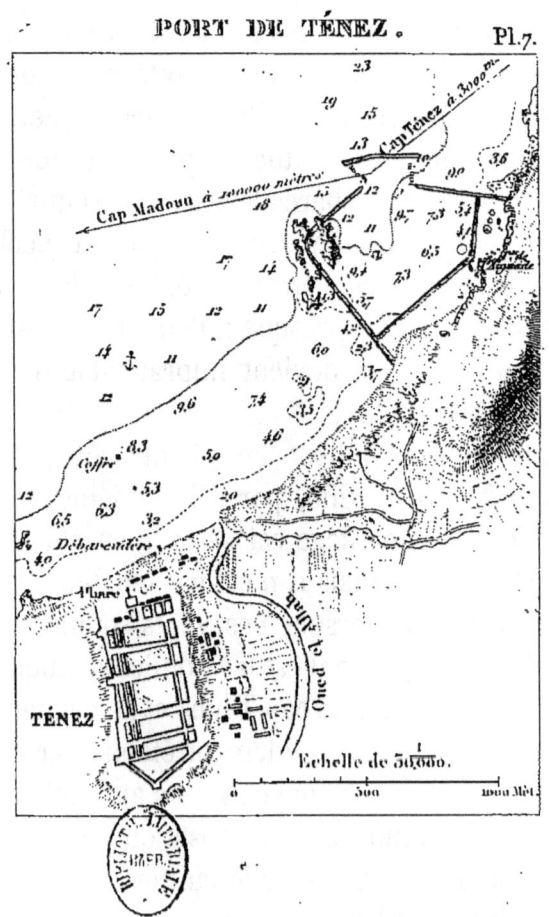

y gêne les débarquements et oblige les bâtiments à un plus long séjour. Malgré cet inconvénient, les petits navires marchands ont adopté ce mouillage. Placés à l'E. des îlots avec une amarre sur le plus grand et une ancre au N. E., ils peuvent résister aux coups de vent compris entre le N. O. et le N. E. en passant par le Sud. Mais ils n'ont pas la faculté d'appareiller et de gagner la haute mer par les vents du large. Si une tempête de la partie Nord vient les surprendre dans cette position, ils se trouvent en perdition et n'ont d'autre chance de salut que la bonté de leurs amarres; c'est là une ressource extrême, dont plusieurs sinistres ont surabondamment prouvé l'insuffisance.

Un feu de port est placé en avant de la ville au haut de la falaise, un phare d'atterrage doit être établi sur le cap Ténez; le relèvement de ces deux feux permettra aux navires de venir de nuit au mouillage devant la ville.

La nécessité a fait un port de Ténez; mais le mouillage est trop dangereux, la plage trop difficile à accoster, pour que l'ennemi puisse tenter un débarquement sur ce point. Néanmoins, la construction de deux batteries de côte et d'un fort sur les îlots est nécessaire pour protéger les deux mouillages et la ville contre un bombardement.

La ville de Ténez, placée à l'entrée du col par lequel la vallée centrale du Chélif communique avec la mer, est l'entrepôt naturel d'Orléansville, l'un des plus riches marchés de l'Algérie, et de Tiaret; elle a aujourd'hui une assez grande valeur stratégique comme dépôt d'approvisionnements de l'armée; les ressources agricoles et les richesses minérales de son territoire, son heureuse position comme ville de transit, lui assurent un bel avenir commercial. Son port sera l'une des têtes les plus importantes du chemin de fer projeté à travers les provinces d'Oran et d'Alger par la ligne centrale du Tell.

Les besoins généraux de la navigation exigent d'ailleurs qu'un port de refuge soit créé entre Alger et Arzew, qui sont séparés par une étendue de côtes de 180 milles. La rade de Ténez n'aurait aucune importance sous les rapports militaire et commercial, qu'elle serait encore, par sa situation centrale et ses heureuses dispositions naturelles, le seul emplacement favorable à cette création.

Dans l'état actuel des choses, le mouillage de Ténez est l'un des plus mauvais de la côte d'Algérie : ceux de Mostaganem et de Nemours sont plus défectueux par eux-mêmes; mais la faculté d'appareiller en tout temps et la proximité des refuges d'Arzew et des îles Zafarines en atténuent les dangers. Les chances d'un sinistre sont beaucoup plus grandes à Ténez : par les vents du large, compris entre le N. O. et le N. N. E., le mouillage n'est pas tenable ; l'appareillage est très-dangereux; et les refuges les plus voisins, Alger et Arzew, sont éloignés d'environ 30 lieues marines.

Une situation matérielle aussi mauvaise impose au commerce les conditions de fret et d'assurance les plus onéreuses ; la perte sèche qui en résulte peut être évaluée en moyenne à 8 fr. par tonneau et à 10 p. % de la valeur des marchandises; en 1854 elle a dépassé 700,000 fr. La création d'un port à Ténez est donc une œuvre nécessaire et urgente.

L'Oued-el-Allah filtre en été à travers la plage et ne rompt sa barre qu'à la suite des grandes pluies d'hiver ; ses eaux entraînent alors à la mer de petites quantités de vase qui vont se perdre dans les grands fonds du large; elles n'y charrient que peu ou point de sable.

Les roches du cap Ténez sont des calcaires cristallins très-durs qui résistent parfaitement à l'action destructive des vagues. Mais les falaises à l'O. de la ville, formées de grès tendres en encorbellement sur un banc d'argile, sont évidemment corrodées. Les sables du fond de l'anse proviennent donc des érosions de la côte Ouest; la nature des quelques cailloux roulés dont ils sont mélangés ne laisse aucun doute sur leur origine. La plage que leur accumulation séculaire a formée entre la ville et les falaises du cap Ténez, s'accroît bien lentement, puisqu'elle n'a que 70 mètres de largeur ; mais elle n'est pas absolument invariable. Les tempêtes de N. O. portent les sables vers l'E. et celles de N. E. les ramènent vers l'Ouest. Ce mouvement de va-et-vient des sables sur la plage et à ses abords est la seule cause d'atterrissement pour le port que l'on voudra créer à Ténez. On ne peut établir ce port devant la ville, par des fonds de sables mouvants, à l'embouchure d'un ruisseau qui charrie des vases. Dans cette position, il devrait être créé de toutes pièces, et il serait inévitablement ensablé.

A ce double point de vue, l'emplacement devant Ténez est aussi ingrat que celui à l'E. des îlots est avantageux. Le massif d'îlots à l'abri duquel mouillent les caboteurs est relié à la plage par un banc de roches, sur lequel il n'y a, en moyenne, que 2 mètres de hauteur d'eau. Cette ligne de récifs court N. N. O. et S. S. E.; elle forme, en quelque sorte, une digue sous-marine de 500 mètres de longueur, à laquelle il ne manque qu'un couronnement, et que l'on pourrait, par conséquent, terminer à peu de frais.

L'étendue de mer limitée à l'O. par ce banc de roches, au S. par la plage, à l'E. par les falaises du cap de Ténez, forme une petite crique demi-elliptique, abritée des aires de vent au-dessous de l'O. N. O. et du N. E. Elle présente des hauteurs d'eau variables, depuis 5 jusqu'à 12 mètres, sur un bon fond de sable. Cette crique, qu'il suffirait de fermer au N. pour la transformer en un bassin parfaitement tranquille, est un emplacement favorable pour la construction d'un port.

Le projet proposé, en 1844, par les commissions nautique et mixte d'Algérie, est indiqué sur le plan; il a été approuvé par le conseil d'amirauté et adopté en principe par le ministre de la guerre; il présente, de part et d'autre d'un brise-lames isolé, deux passes de 100 mètres de largeur orientées en sens contraire, disposition qui rendrait l'entrée et la sortie faciles par tous les rumbs de vents. Le port offrirait une nappe d'eau abritée de 24 hectares entourée de vastes quais; il suffirait pour un avenir indéfini aux besoins commerciaux de la position, et aurait en outre toutes les qualités d'un port de refuge; il pourrait recevoir une division de frégates et de vapeurs, et, au besoin, deux ou trois vaisseaux : sa position centrale, entre Alger et Oran, lui donnerait une grande valeur nautique, commerciale et militaire.

Ce port serait à l'abri de tout ensablement, puisque d'une part son entrée est séparée de la plage de la ville par des hauteurs d'eau de 15 à 16 mètres à travers lesquelles les sables ne voyagent pas, et que, d'autre part, les falaises du cap Ténez ne sont point corrodées. Les vases provenant de l'Oued-el-Allah et des érosions de la côte Ouest pourront y être exceptionnellement apportées par les courants; mais les dépôts qu'elles y formeront seront nécessairement très-faibles, puisque les eaux du bassin ne se renouvelleront que très-lentement; ces dépôts vaseux seront moindres que ceux que les égouts de la ville et les eaux de pluie amènent dans la plupart des ports.

Ce projet, dont la dépense totale s'élève à 8 millions, utilise complétement les heureuses dispositions du mouillage de Ténez pour la construction d'un port de commerce et de refuge. Toutes les parties en sont indispensables, et l'on ne peut en rien retrancher, mais toutes n'ont pas le même caractère d'urgence ; une dépense de 3 millions appliquée à la construction des jetées N. O. et S. O. assurerait le mouillage et rendrait faciles les opérations d'embarquement et de débarquement. Ces premières améliorations, en créant un refuge intermédiaire entre Alger et Arzew, seraient un grand bienfait pour la navigation algérienne ; elles constitueraient pour le port de Ténez une situation provisoire qui suffirait aux besoins présents en réservant l'avenir ; la construction du brise-lames isolé de la jetée Est et des quais pourrait donc, à la rigueur, être ajournée ; mais comme la dépense de 5 millions qu'exige ce complément de travaux serait en grande partie couverte par la valeur des terres-pleins gagnés sur la mer en arrière des quais et par la plus-value donnée aux terrains voisins, cet ajournement, regrettable si l'État exécutait les travaux, serait un mauvais calcul pour une compagnie concessionnaire des travaux du port de Ténez et du chemin de fer d'Orléansville.

CHERCHEL.

Cherchel est l'antique Cæsarée, capitale de la Mauritanie romaine, qui comprenait les provinces d'Oran et d'Alger. Un port artificiel et un réseau de routes appropriés aux besoins de l'époque en avaient fait l'une des grandes cités maritimes des temps anciens. Mais l'œuvre romaine est détruite sans retour; en occupant Cherchel en 1840, les Français n'y ont trouvé qu'un village arabe, établi sur des ruines, et une position sans valeur naturelle.

La petite crique circulaire qui formait le port des Turcs est couverte au N. O. par la presqu'île Joinville et à l'E. N. E. par une ligne de récifs, débris d'anciennes jetées. Elle est assez bien abritée des aires de vent au-dessous du N. O. et du N E., mais elle est battue en plein par les vents de la partie Nord, direction habituelle des tempêtes sur la côte de l'Algérie. La grosse houle du large, trouvant aux abords de la crique un brusque ressaut de fond, forme en avant d'elle un vaste brisant ou barre qui en interdit l'entrée. On y jette l'ancre à 200 mètres dans le S. E. du phare de l'îlot Joinville, par 6 mètres d'eau, sur un fond de sable parsemé de mattes et de galets. Ce mouillage, rétréci par la zone de petits fonds qui borde son enceinte, n'est pas accessible aux bateaux à vapeur de la correspondance, qui s'arrêtent en dehors de la crique, sur un corps mort solidement établi par un fond hérissé de roches; il n'est praticable que pour les petits navires marchands; on n'y est bien que pendant la belle saison; la sûreté qu'il offre en hiver est très-imparfaite; de nombreux sinistres y ont eu lieu.

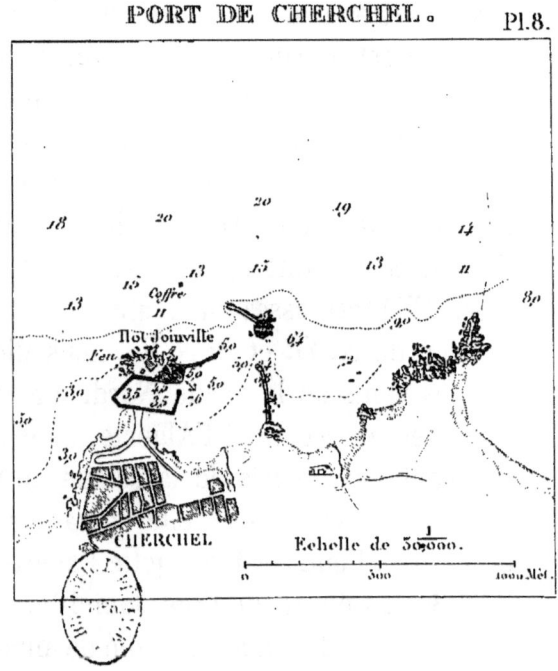

Cherchel est aujourd'hui le marché maritime d'une partie de la Mitidja et de la vallée du Haut-Chélif, et l'entrepôt de Miliana et de Téniet-el-Had. Son port deviendrait en temps de guerre maritime une excellente station pour nos corsaires. L'établissement d'une forte batterie sur l'îlot Joinville est nécessaire pour le mettre à l'abri d'une insulte et protéger la ville contre un bombardement.

Le port artificiel que les Romains avaient créé à Cherchel a été détruit par la mer et par des tremblements de terre ; mais de nombreux vestiges de maçonnerie en accusent parfaitement toutes les dispositions. Cet établissement comprenait un avant-port de 6 hectares, d'un accès facile, mais médiocrement fermé à la grosse mer ; et un arrière-bassin, ou darse, présentant une superficie d'un hectare et une profondeur moyenne de 2 mètres.

Le port actuel de Cherchel construit de 1844 à 1852, derrière l'îlot Joinville, n'est que la darse romaine approfondie et agrandie. Il offre un bassin de 2 hectares de superficie et de 3^m 50 de hauteur d'eau, entouré de vastes quais et pouvant contenir quarante navires de 50 à 200 tonneaux. Il est parfaitement sûr, mais son entrée est impraticable par un gros temps.

Le projet d'établissement définitif indiqué sur le plan complète la darse actuelle par un avant-port de 5 hectares, et reproduit ainsi dans leur ensemble les dispositions du port antique. Son exécution ajouterait 1 million à la dépense de 1,200,000 fr. déjà faite, mais elle permettrait aux petits navires d'entrer en tout temps dans la darse, et aux courriers de la côte de pénétrer en temps ordinaire dans l'avant-port. Ce plan de travaux n'est pas susceptible d'extension, car les criques à l'E. et à l'O. sont trop ouvertes et trop encombrées de récifs pour qu'on puisse jamais songer à en tirer parti.

Le port de Cherchel qui était, à l'époque romaine, un grand établissement maritime pour des galères naviguant à la voile et à la rame, ne sera plus de nos jours, quoique approfondi et agrandi, qu'un joli petit port de caboteurs ; il est établi sur une côte formée de roches dures et n'a rien à craindre des atterrissements : il pourra recevoir cinquante petits navires, vingt balancelles, et au besoin un vapeur de 160 chevaux. La disposition des lieux s'oppose presque absolument à la création d'un port sur une plus vaste échelle ; mais il est probable que cet établissement suffira pour un avenir indéfini au mouvement commercial de Cherchel, lequel sera toujours limité par le voisinage d'Alger.

Cherchel a d'ailleurs sur son propre territoire un rival, très-humble aujourd'hui mais très-redoutable dans l'avenir, pour son commerce de cabotage. Tipaza n'est encore qu'un village de pêcheurs, mais, grâce à la proximité du mouillage de Raz-el-Amouch, il suffirait d'y construire un débarcadère pour y attirer les coboteurs. Cet emplacement, situé sur le bord d'une plage de sables mouvants, se refuse, il est vrai, à la construction d'un port ; mais l'avantage d'un débarquement bord à quai à Cherchel ne compensant pas l'inconvénient d'un parcours supplémentaire de 20 kilomètres, pour aboutir à Marengo, Tipaza paraît devoir enlever à Cherchel le transit de la Mitidja occidentale et de Miliana.

PORT D'ALGER. Pl. 9

BAIE D'ALGER

ALGER

Projets
N° 1. ——————— 1842.
N° 2. ⊏══⊐ 1845 et 1846.
N° 3. •————• 1847.

Echelle de 1/30,000.
0   500   1000 Mètres

ALGER.

(Pl. 9.)

PROPRIÉTÉS NAUTIQUES.

La baie d'Alger a 9 à 10 milles d'ouverture sur 4 milles de profondeur; elle présente la forme régulière d'un croissant, dont les pointes sont placées E. et O., et dont la concavité regarde le N.; elle est couverte à l'O. par le cap Caxine, au S. par les terres, à l'E. par le cap Matifou; mais elle est battue en plein par toutes les aires de vent du large. La rive Ouest, formée de roches dures qui se rattachent au massif granitique du Bouzaréah, est immuable. La rive Est, formée de grès tendres reposant sur une couche d'argile, est fortement corrodée. La rive Sud, formée par une plage à travers laquelle débouchent le Mazafran, l'Arach et l'Hamiz, tend à s'atterrir. Les sables arrachés à la rive Est et ceux qui préexistent à la plage sont accumulés et maintenus au fond de la baie par l'action incessante de la houle du large; ils ne sauraient en aucun cas doubler la pointe Bab-Azoun et remonter la rive Ouest, du S. au N., pour envahir le port d'Alger. Ce port est donc complétement à l'abri des ensablements.

La baie d'Alger n'offre aucun mouillage assuré contre les gros temps de l'hiver, car on ne peut nulle part s'y mettre à couvert des coups de vent de la partie Nord. Pendant la belle saison, on peut y jeter l'ancre partout, dès qu'on est à la distance de 2 à 3 milles du rivage; on trouve alors de 30 à 50 mètres d'eau, sur un bon fond de vase.

L'abri formé par le cap Matifou offre, dans la région orientale de la baie, un bon mouillage contre les vents d'E. et de N. E.; par 15 à 25 mètres d'eau, sur un fond de sable et de vase. Les Algériens y avaient construit un fort, pour protéger leurs corsaires qui venaient parfois s'y réfugier.

Le meilleur mouillage de la baie est situé vers la région occidentale, à l'abri du cap Caxine; c'est la rade foraine d'Alger. Les vaisseaux y jettent l'ancre à 1 mille environ dans l'E. S. E. de la tour du phare, par 45 mètres d'eau, sur un fond de vase d'une excellente tenue. Ils y sont à couvert des vents d'O. et de N. O., mais bien tourmentés par la houle de N. et de N. E. Quoique cette rade foraine soit placée en dehors de la protection des batteries de côte, et battue en plein par les coups de vent de la partie Nord, elle est un intermédiaire très-utile entre le port et la pleine mer. Avec de longues touées, on y résiste parfaitement aux plus violentes tempêtes; des bâtiments de guerre pourraient donc y stationner au besoin pendant l'hiver.

La ville d'Alger est bâtie en amphithéâtre sur le versant oriental d'un petit promontoire, qui se rattache par des terres élevées au cap Caxine. Elle a la forme d'un triangle, dont la base s'appuie sur la côte, et dont le sommet, placé à 118 mètres au-dessus du niveau de la mer, est couronné par la citadelle ou Kasbah. Elle est en quelque sorte isolée de la mer par une falaise rocheuse de 10 à 20 mètres de hauteur. La portion du rivage comprise entre les pointes Bab-el-Oued et Bab-Azoun, limites de la nouvelle enceinte de la place, court, à très-peu près, N. et S., normalement à l'ouverture de la baie; elle était autrefois battue en plein par la houle du large, et n'offrait pas même une crique à remiser des bateaux.

Cette position maritime n'avait donc, originairement, aucune valeur : une rade foraine pour les vaisseaux; un abri précaire pour sept ou huit petits navires, derrière l'îlot de la Marine; une plage de halage au fond de la baie; sont, en effet, les seuls avantages naturels qu'elle présente.

Sous le règne de Barberousse, le port d'Alger était encore un des plus mauvais de la côte barbaresque ; mais, en raison même de ses défauts nautiques, ce port convenait assez bien à des corsaires, plus désireux d'avoir un repaire inaccessible aux bâtiments de guerre qu'un refuge à l'abri de la tempête. Sous l'empire de la piraterie, Alger a donc trouvé un élément de prospérité dans des circonstances locales, qui paraissaient devoir lui interdire tout avenir maritime.

Les inconvénients nautiques de cette position devinrent bientôt intolérables pour la marine algérienne elle-même, que les produits de la course avaient rapidement enrichie. Kaïr-ed-Din, frère de Barberousse, tenta d'y remédier; il rattacha l'îlot de la Marine à la terre par une digue de 200 mètres de longueur, qui porte son nom, et construisit au S. de cette digue un port de 3 hectares de superficie, dont la passe, ouverte au S., a 130 mètres de largeur. Ce petit port artificiel, appelé aujourd'hui *Darse des Turcs*, pouvait contenir trois ou quatre bricks et une trentaine de galères; il était parfaitement à couvert de la grosse mer du large; mais le ressac produit par les tempêtes de la partie N. E. y était parfois assez violent pour broyer les navires contre les quais. La sécurité qu'offrait cette darse pendant la mauvaise saison devait être bien incomplète, puisque la flotte algérienne avait l'habitude d'aller hiverner à Bougie.

Ce nid de pirates, inaccessible aux navires de guerre, était évidemment insuffisant pour les besoins de notre marine. Les nombreux sinistres qui eurent lieu à Alger pendant les premières années de l'occupation française, décidèrent le gouvernement à augmenter la sûreté et à accroître l'étendue du port. Le moyen le plus prompt et le moins coûteux d'obtenir ce résultat était de prolonger vers le S. S. O. le môle construit par les Turcs au S. de l'île de la Marine. Ce travail était devenu si urgent qu'il fut entrepris, en 1837, avant que l'on sût dans quel but d'ensemble on le faisait. A mesure que les développements de la colonie firent pressentir de plus grands besoins, le môle fut dévié vers l'E., de manière à couvrir une plus grande nappe d'eau; il affecte, par suite des déviations successives qu'il a subies, une concavité très-prononcée vers le large. Ce môle, dont la courbure représente en quelque sorte l'importance croissante de la question d'Algérie, est un monument qui redira aux siècles futurs les incertitudes qui ont présidé à notre établissement dans le Nord de l'Afrique.

Le port actuel est formé par deux jetées d'un développement total de 1,900 mètres, laissant entre elles une passe de 350 mètres de largeur qui s'ouvre au S. E. Il offre un bassin bien abrité de 90 hectares, accessible aux vaisseaux sur presque toute son étendue. Après que des postes y auront été établis et après le dérasement de la roche Sans-Nom, il pourra contenir 20 vaisseaux, 20 frégates et 300 navires marchands. L'orientation et la largeur de la passe permettent l'entrée à la voile par les vents de N. O., qui sont pour Alger les vents d'arrivage ; son enfoncement dans la baie rend l'appareillage dangereux par les vents du N. et impossible par les vents de N. E. Le port est suffisamment masqué de la grosse mer, puisque la région Sud est plus calme que la région Nord. Mais le pivotement des vagues autour du musoir du môle et la réflexion des grandes ondes du large sur la rive Est de la baie produit à l'entrée une nouvelle houle, qui se propage à l'intérieur du S. E. au N. O., normalement à la direction suivant laquelle les lames se propagent au dehors ; cette houle indirecte occasionne sur le quai de la Santé, situé dans la partie la plus étroite et la moins profonde du port, un ressac assez fort par les tempêtes de N. E.; ce ressac local et exceptionnel n'est qu'un bien petit inconvénient ; on peut et on doit chercher à l'atténuer par quelques dispositions de détail, mais il ne faudrait pas, sous prétexte de l'annuler, toucher à la disposition capitale et essentielle du projet, l'orientation et la largeur de la passe.

PROPRIÉTÉS COMMERCIALES.

La plaine de la Mitidja, qui forme le territoire propre d'Alger, est limitée par une ceinture de montagnes qui l'isole en quelque sorte de l'intérieur du pays. Le réseau de routes stratégiques, ouvertes par l'armée à travers ces montagnes, a étendu les relations commerciales d'Alger et donné à cette position, comme ville de transit, une importance que la nature lui avait refusée.

La ville d'Alger est aujourd'hui le marché maritime du vaste territoire compris entre Miliana, Aumale et Boghar. Les petits ports de Cherchel, de Tipaza et de Dellys, qui sont autant de succursales du sien, la feront participer pour une large part au commerce de Miliana, de Téniet-el-Had et de la région occidentale de la grande Kabylie. La route stratégique qui la relie au Sahara central, par Blida, Médéa et Boghar, est une nouvelle voie ouverte à travers l'Algérie pour le commerce de l'Europe avec l'intérieur de l'Afrique.

Pendant les premières années de l'occupation, Alger a eu le monopole du commerce de la colonie. Les négociants qui s'y étaient établis, attirant à eux la totalité des consignations, cette ville devint un grand entrepôt, d'où les provenances de la France et de l'étranger se répandaient, par le cabotage, sur le littoral algérien.

Dans un pays qui a 100 myriamètres de côtes, et dont le sol cesse d'être cultivable à 20 ou même à 10 myriamètres du rivage, ce monopole du commerce extérieur exercé par un seul port constituait une situation anormale et, par conséquent, temporaire. A mesure que notre établissement d'Algérie s'est développé, de nouveaux centres commerciaux se sont créés à Oran, à Bône, à Philippeville, à Mostaganem, à Ténez; d'autres se formeront bientôt à Arzew et à Bougie. A l'exception de Cherchel, de Tipaza et de Dellys, qui sont les succursales naturelles d'Alger, tous les ports de la colonie tendent à s'affranchir de la tutelle onéreuse du port principal, et à commercer directement avec la France et avec l'étranger.

Alger n'est plus aujourd'hui qu'un entrepôt central, qui a sur les côtes d'Algérie le rôle de celui de Marseille sur les côtes méridionales de France. La suprématie commerciale de Marseille, basée sur les propriétés naturelles de la position, subsiste depuis des siècles; celle d'Alger, obtenue en dépit de la topographie générale du pays, sous l'empire des premiers embarras de la conquête, ne peut que décroître dans l'avenir. Toutefois, elle paraît devoir être maintenue longtemps encore par l'attraction qu'exerce une grande ville, centre de nos forces politiques, administratives et militaires.

Notre domination en Algérie est désormais complète et assurée; le développement des relations commerciales d'Alger avec le Sahara et l'intérieur de l'Afrique, l'exploitation par les Européens des richesses agricoles et minérales de son territoire, ouvrent pour cette ville une ère nouvelle. L'impulsion que ces causes réunies tendent à imprimer à son commerce compensera largement les pertes que l'émancipation successive des ports secondaires lui fera éprouver. Sous l'empire de la paix, sous l'influence de la colonisation, ce commerce doit grandir suivant une progression encore plus rapide que par le passé; l'importance qu'il a acquise, pendant une période de guerre et d'incertitude sur la stabilité de notre établissement en Afrique, garantit que, dans un avenir prochain, Alger sera l'un des grands marchés maritimes de la Méditerranée.

PROPRIÉTÉS MILITAIRES.

La ville d'Alger, entourée par des hauteurs très-voisines, est commandée par le château de l'Empereur; elle se rendit sans coup férir, en 1830, après la prise de ce fort. Sa défense continentale actuelle est formée par une enceinte bastionnée, qui embrasse un espace triple de celui qu'occupait la cité des Turcs; elle doit être complétée par une citadelle et par une série de redoutes et de forts détachés. Cet ensemble de fortifications ne paraît pas devoir annuler complétement les inconvénients attachés à une mauvaise position militaire, dominée de tous côtés par des hauteurs d'un abord facile. L'opinion d'un grand nombre d'officiers du génie est qu'Alger ne sera jamais qu'une place continentale de deuxième ordre, et que la difficulté du débarquement d'une armée et d'un matériel de siége est, et sera toujours, sa meilleure défense.

Quelle que soit, au reste, la valeur réelle d'Alger comme place continentale, il paraît certain que la nouvelle enceinte bastionnée lui a donné une force supérieure aux efforts probables de l'ennemi. Alger est donc désormais à l'abri d'une attaque dirigée par terre. Les lenteurs et les incertitudes qui ont présidé à la construction du port n'ont pas encore permis de développer au même degré les éléments de sa défense maritime. Cette circonstance est regrettable, car, par sa position à l'extrémité d'un promontoire, la place est naturellement très-vulnérable du côté de la mer. Les forts et batteries en construction sur les empâtements des jetées compléteront très-bien sa défense du côté de l'E.; mais on ne pourra la mettre à l'abri d'un bombardement du côté du N. qu'en construisant un fort au large, sur la roche Métahem.

La rade d'Alger, placée en face de Toulon, au centre de nos possessions d'Algérie, surveille le passage entre les îles Baléares et la côte d'Afrique; elle couvre le littoral algérien depuis Ténez jusqu'à Tédles; elle est reliée par de bonnes routes à tous nos centres d'action dans l'intérieur du pays et appuyée sur une grande cité qui est le siége du gouvernement et commande militairement les trois provinces.

L'établissement d'un port de guerre de deuxième ordre sur cette rade assurerait le ravitaillement de l'armée d'Algérie et formerait avec Toulon le contre-poids de Malte et de Gibraltar ; les travaux entrepris dans ce but sont considérés à juste titre comme la sanction de notre conquête.

HISTORIQUE DE LA QUESTION DU PORT D'ALGER.

La nature n'avait rien fait ni rien préparé à Alger pour un grand établissement maritime ; les pirates eux-mêmes n'y trouvèrent pas un abri suffisant pour leurs galères et durent y créer un port. Le désastre de 1835, pendant lequel on vit périr dix-huit navires à Alger, prouva l'insuffisance de la darse des Turcs et la nécessité de l'agrandir et de l'approprier aux besoins de notre marine. Le désir de créer rapidement un abri, l'incertitude sur la stabilité de notre établissement d'Algérie, déterminèrent à se préoccuper avant tout du résultat immédiat des travaux ; on prolongea le môle des Turcs vers le S. S. O. sans plan arrêté, sans penser à l'avenir, dans l'unique but de satisfaire aux besoins impérieux du moment.

A cette époque, l'idée de créer à Alger un grand établissement naval n'était encore qu'un vague instinct ; les projets de M. de Montluisant (1835), de M. Rang (1837), de M. Poirel (1837), de M. Garella (1838) n'avaient d'un port militaire que le nom ; *le 15 avril 1839*, le conseil général des ponts et chaussées, en rejetant tous ces projets, exprimait « *la crainte qu'il fût impossible de créer à Alger un établissement qui méritât véritablement le nom de port militaire.* »

La pensée de créer à Alger un port de guerre et de commerce a été formulée pour la première fois, en 1840, par M. Raffeneau de Lisle. La combinaison à laquelle ce savant ingénieur se félicitait avec raison « *d'avoir eu le bonheur d'arriver* » tirait un bon parti d'une position naturellement très-ingrate. (*Pl. 9, jetées coloriées en vert.*) Elle offrait une darse marchande de 20 hectares au N. et une darse militaire de 16 hectares au S., séparées par un avant-port ou portion de rade couverte d'environ 50 hectares de superficie, destinée à servir d'intermédiaire entre la rade foraine et les darses. Elle reproduisait sur une petite échelle les dispositions de nos grands ports de France ; les darses militaire et marchande jouaient le même rôle qu'à Toulon, l'avant-port ou portion de rade couverte remplaçait la petite rade, la rade foraine tenait lieu de la grande rade.

Ce plan des travaux, irréprochable au point de vue de l'art, était parfait dans ses petites proportions et eût constitué un ensemble bien précieux pour notre marine marchande et militaire.

Mais si le gouvernement avait, dès lors, la volonté de créer un port de guerre et de commerce à Alger, il n'était pas encore bien résigné aux dépenses nécessaires pour la réaliser. Le projet d'établissement proposé par M. Raffeneau n'était, en réalité, qu'un diminutif très-petit des ports militaires de France ; il fut cependant qualifié de projet *académique* et repoussé comme trop grandiose. Ce projet se composait essentiellement de deux choses distinctes :

1° D'un grand avant-port ou portion de rade, couverte par un brise-lames de 770 mètres de longueur, enraciné à la pointe Est de l'île de la Marine et dirigé au S. E. ;

2° D'une darse ou port intérieur composé de deux parties, dont l'une, celle du N., réservée à la marine marchande, existait déjà ; et dont l'autre, celle du S., destinée à la marine militaire, devait être formée par une digue d'enceinte enracinée sur la côte, à 200 mètres au N. du fort Bab-Azoun, et terminée à la roche Sans-Nom.

Pour ramener la dépense de ce projet à un chiffre acceptable, en 1842, il fallait :

Renoncer pour le moment à la darse militaire, en retranchant la digue d'enceinte partant de Bab-Azoun, comme le proposait M. Raffeneau de Lisle ;

Ou bien :

Renoncer à la rade, en substituant au brise-lames qui devait la couvrir un prolongement convenable de l'embryon de jetée construit depuis 1837 au S. de l'île de la Marine ; c'est ce que proposait M. Bernard. (*Pl.* 9, *jetées coloriées en jaune.*)

Ces deux modifications du projet Raffeneau, qui dérivaient du même principe (la réduction des dépenses), différaient essentiellement par leurs résultats : la première réservait toute possibilité d'extensions futures, mais elle laissait le port ouvert aux entreprises de l'ennemi; la deuxième utilisait les travaux exécutés depuis 1837, en prolongement du môle des Turcs, et promettait de donner en peu d'années un port fermé ; *mais elle engageait l'avenir maritime d'Alger, en faisant perdre la région du mouillage au vent du port, seul emplacement convenable pour la création d'une bonne rade couverte.*

Sous l'empire de cette considération, M. Raffeneau disait, dans un Mémoire publié le 20 mai 1842, « *que si l'on adoptait le projet de M. Bernard, un jour viendrait et ne serait pas éloigné où l'on regretterait amèrement d'avoir ainsi gâté une position nautique que la nature avait heureusement préparée pour être améliorée par l'art.* » Ce jour est venu : l'exécution partielle du projet de M. Bernard a, selon les prévisions de M. Raffeneau, *tranché irrévocablement la question de la rade couverte.* On a accepté à Mahon l'absence d'une rade foraine comme un accident de la nature; il faudra accepter à Alger les imperfections d'une rade foraine comme la conséquence de la mauvaise direction donnée aux premiers travaux.

Cette dernière considération n'avait point échappé à la commission du budget de 1842 ; elle disait, dans son rapport, page 137 : « *Si le choix est mauvais, le mal sera sans remède.* » La chambre, ainsi avertie, se prononça en faveur du projet Bernard.

On peut regretter aujourd'hui que les idées de M. Raffeneau de Lisle, qui avait pressenti, deviné les destinées futures du port d'Alger, n'aient pas prévalu ; mais on doit reconnaître aussi que les appréhensions d'une guerre maritime, le désir de gagner du temps et de l'argent, en utilisant la jetée exécutée depuis 1837, militaient très-fortement, en 1842, en faveur des propositions de M. Bernard.

Les travaux furent poursuivis conformément à ces propositions jusqu'en 1845 ; à cette époque, nous n'avions pas qualité pour nous occuper de la question du port d'Alger, qui, du reste, paraissait définitivement résolue, depuis 1842, par le vote de la chambre ; mais, en examinant sur les lieux, dans un but d'instruction personnelle, le projet en cours d'exécution, nous fûmes vivement frappé de son insuffisance et de ses défauts nautiques. Après avoir cherché en vain à ramener à cette opinion les ingénieurs des ponts et chaussées auxquels il appartenait de faire modifier le plan des travaux, nous fûmes amené à penser que le service de la marine, pour lequel le port était créé, avait le droit d'exposer ses besoins et d'indiquer les moyens de les satisfaire.

Persuadé que le gouvernement s'était proposé de construire à Alger un port de refuge et de réparations courantes, convaincu que le projet adopté en 1842 ne ferait pas atteindre ce but, nous crûmes devoir provoquer officiellement sa révision avant que l'on entreprît la digue du S., dont l'exécution, même partielle, eût rendu toute modification impossible.

Le contre-projet que nous adressâmes dans cette pensée, le 1er mars 1845, au commandant supérieur de la marine en Algérie, dérasait la roche Sans-Nom, prolongeait le môle Nord de 100 mètres, et reportait la digue d'enceinte à 300 mètres vers le S. E., de manière à l'enraciner sur la pointe Bab-Azoun et à ouvrir la passe de 25 degrés ; il donnait ainsi au bassin embrassé par les jetées une étendue de 75 hectares et les qualités d'un port de refuge. La région Sud était réservée à la marine militaire ; la région Nord, affectée au commerce, était susceptible d'une extension éventuelle de 30 hectares au N. O. de la jetée Kaïr-ed-Din.

M. l'amiral Rigodit, commandant supérieur de la marine en Algérie, en accueillant cette demande en révision du plan des travaux en cours d'exécution au port d'Alger, lui donna l'autorité nécessaire pour la faire prendre en considération. Sur ses instances, M. le ministre de la guerre autorisa, le 23 mai 1845, la commission nautique des ports secondaires d'Algérie et la commission mixte du port d'Alger, *à examiner de nouveau le projet adopté en 1842 par le gouvernement, et à le modifier s'il y avait lieu.*

Après avoir reconnu à l'unanimité l'insuffisance de ce projet, ces deux commissions firent porter leur examen sur les modifications que nous avions proposé de lui faire subir.

La commission nautique agrandit, pour le port à l'E. de la ville, le tracé du 1er mars, de manière à gagner 10 hectares vers l'E., sans changer la largeur et l'orientation de la passe; mais elle renversa l'économie de notre projet, en plaçant l'arsenal militaire sur l'îlot de la Marine, en réservant les quais de Bab-Azoun au commerce, et en indiquant que ce n'était pas vers le N., mais vers le S., que le port devrait ultérieurement s'étendre (1).

La commission mixte, sans se prononcer sur l'extension éventuelle du port vers Bab-el-Oued ou vers Mustapha, maintint l'ancienne affectation de la région Sud du port à la marine militaire; elle approuva toutes les dispositions de notre projet du 1er mars, mais elle agrandit le port de 15 hectares en portant la digue d'enceinte paral-

---

(1) En vue de cette extension du port vers le S., l'un des membres de la commission, M. le lieutenant de vaisseau Pacini, proposait d'adopter en principe le prolongement de la digue d'enceinte jusqu'à la plage; cette disposition est indiquée sur le plan par une ligne ponctuée.

lèlement à elle-même à 100 mètres plus au large, et en prolongeant le môle Nord également de 100 mètres, de manière à conserver à la passe la même orientation et la même largeur. Son projet, formulé dans un remarquable rapport du général Charon en date du 11 février 1846, fut approuvé en mai 1846 par le conseil d'amirauté ; il a été exécuté depuis. (*Pl. 9, jetées pleines.*)

Dans une note du 2 juin 1846, M. l'inspecteur général Bernard combattit les conclusions de la commission mixte et du conseil d'amirauté. Après avoir établi « *que le projet de 1842 péchait, non parce que le port était trop petit, mais parce qu'il n'était pas précédé d'une rade abritée,* » il proposa de maintenir ce projet, en le complétant par une vaste rade couverte, établie au S. E. du port.

Ce nouveau plan de travaux reproduisait le principe du projet Raffeneau, mais non pas ses heureuses dispositions, puisqu'il plaçait la rade sous le vent du port, absolument au fond de la baie. Il fut néanmoins approuvé, comme *plan-programme*, par le conseil général des ponts et chaussées, le 22 juin 1846.

M. le ministre de la guerre *adopta alors en principe la création d'un port avec rade couverte, et prescrivit à l'ingénieur en chef des travaux hydrauliques et à la commission mixte du port d'Alger de présenter un projet dans ce nouvel ordre d'idées.*

M. l'ingénieur en chef Béguin, repoussant pour le port le projet de 1842 comme trop restreint, et le projet du 11 février 1846 comme trop vaste, proposa, le 24 septembre 1846, de compléter la rade du plan-programme par un port de 75 hectares de superficie, dont le tracé ne différait pas sensiblement de celui du 1er mars.

La commission mixte maintint son projet du 11 février 1846 ; mais, pour se conformer aux prescriptions ministérielles, elle ajouta au port de 90 hectares la rade du plan programme; cette proposition, en date du 31 décembre 1846, aboutit à un nouveau projet, adopté le 13 avril 1847 par le conseil d'amirauté, et le 1er juillet 1847, par le conseil général des ponts et chaussées.

Ce projet, dernière expression du plan-programme, est colorié en bleu (*pl.* 9); il combine une rade couverte de 600 hectares avec un port de 95 hectares, dont le tracé ne diffère de celui du 11 février 1846 que par la longueur du môle Nord, qui est portée de 700 à 900 mètres.

Les conclusions des deux conseils, identiques quant à l'ensemble des ouvrages, différaient essentiellement quant à l'utilité relative et à l'ordre d'exécution des diverses parties.

Le conseil d'amirauté, d'accord avec les commissions nautique et mixte d'Alger, et avec M. le maréchal duc d'Isly, demandait la construction immédiate du port et de l'arsenal, et réservait l'établissement de la rade à des temps ultérieurs.

Le conseil général des ponts et chaussées, d'accord avec M. l'inspecteur général Bernard et avec M. l'ingénieur en chef Béguin, rejetait la construction de la digue d'enceinte du port, après l'achèvement de la rade.

Un port de 90 hectares, s'ouvrant directement sur la rade foraine, et une rade couverte faisant en réalité double emploi, la question de la priorité des travaux était capitale; elle fut tranchée le 29 août 1848 en faveur du port par un arrêté du chef du pouvoir exécutif.

Cet exposé succinct des diverses phases de la question du port d'Alger prouve que la plupart des plans de travaux proposés, après le rejet de celui de M. Raffeneau, ne sont, à bien dire, que des variantes d'autres projets. Ces plans de travaux, si nombreux en apparence, se réduisent en réalité à trois, qui diffèrent essentiellement par leurs dispositions et par le but qu'ils poursuivent :

1° *Le projet de M. Bernard*, adopté en 1842 par le gouvernement ; il offre un port marchand de 26 hectares et une darse militaire de 16 hectares, séparés par la digue Algefna, et ayant un avant-port commun de 10 hectares ;

2° *Le projet que nous avons présenté, en* 1845, à l'appui de notre demande en révision du plan des travaux adopté en 1842 : il comprend, avec l'agrandissement de 15 hectares proposé le 11 février 1846 par la commission mixte, un port mixte de 90 hectares et un port marchand de 30 hectares communiquant entre eux par un canal ouvert à travers la jetée Kaïr-ed-Din ;

3° *Le projet auquel le conseil d'amirauté et le conseil général des ponts et chaussées s'étaient définitivement arrêtés en* 1847 : il se compose d'une grande rade couverte et d'un port mixte de 95 hectares, où les marines militaire et marchande seraient séparées par une ligne fictive, variable selon les besoins du moment.

Ces trois projets types, basés sur des appréciations diverses des besoins commerciaux et militaires de la position, comprennent tous les autres, et résument, par conséquent, la question du port d'Alger. Ils sont coloriés en jaune, rouge et bleu, et désignés sous les numéros 1, 2, 3. (Pl. 9.)

L'examen comparatif que nous avions fait de ces trois projets, dans la première édition de ce mémoire, a perdu tout intérêt d'actualité, depuis l'adoption d'un plan des travaux qui rejette dans les futurs contingents l'œuvre de la rade. Nous avons cru, néanmoins, devoir le maintenir dans la présente édition, à titre d'annexe (page 104), parce qu'il motive les résolutions adoptées, et qu'il indique celles qui restent à prendre.

Nous avions conclu de cet examen que l'achèvement du port à l'E. de la ville, d'après le projet du 11 février 1846, devait être l'unique préoccupation de notre époque. L'arrêté du général Cavaignac, en date du 29 août 1848, a donc, selon nous, parfaitement résolu la question de l'établissement maritime d'Alger, dans ce qu'elle avait d'actuel et de pratique,

Le projet du 11 février 1846, très-détaillé quant aux travaux de l'enceinte extérieure du port, n'avait fait qu'indiquer les dispositions intérieures, en fixant l'alignement général du quai et l'emplacement de l'arsenal militaire. Une commission spéciale, présidée par le général de Chabaud-Latour, vient de combler cette lacune, en formulant, le 9 décembre 1856, un programme complet des établissements maritimes à créer sur les quais d'Alger. Ce programme, qui affecte la région Nord du port au commerce, est indiqué sur le plan : l'arsenal militaire, placé entre la jetée Bab-Azoun et le débouché de la rampe Sud, occupera un terre-plein de 8 hectares, et comprendra une forme de radoub; il aura pour annexes : des magasins de vivres et une aiguade, sous la rue du rempart, en arrière de ce terre-plein; un parc aux mâts au S. du fort Bab-Azoun; un parc à charbon supplémentaire sur l'îlot de la Marine, à l'enracinement du môle Nord.

Le chemin de fer traversera la ville en souterrain pour aboutir sur le quai, sous le palier central de la rampe, en face du petit bassin Algefna, destiné à faciliter son trafic; la douane sera établie entre ce bassin et le débouché de la rampe Nord.

En évaluant à 15 millions et à dix années la somme et le temps nécessaires pour ces installations et pour l'achèvement des jetées et des forts, le port d'Alger aura été construit en trente ans avec une dépense totale de 40 millions.

Cet établissement maritime nous paraît concilier dans une juste mesure des intérêts divers et en quelque sorte antipathiques qui ne se trouvent réunis au même degré dans aucun port de France. Il n'a que les inconvénients inhérents à un port mixte, où les marines militaire et marchande ne peuvent être séparées que par une ligne fictive, variable selon les besoins du moment; son principal défaut nautique est le peu d'étendue des quais par rapport à la nappe d'eau circonscrite par les jetées; si l'on tient compte de la double destination du port d'Alger, des difficultés de l'emplacement et de la mauvaise direction donnée aux premiers travaux, on reconnaîtra qu'à partir de 1845 il était impossible de faire mieux.

L'arsenal maritime limité au S. par l'enceinte de la place et au N. par les quais du commerce n'est pas susceptible d'extension. La rade projetée sous le vent du port n'améliorerait pas sensiblement ses qualités nautiques et militaires et coûterait 44 millions; son exécution serait une folie; Alger ne deviendra jamais, quoi qu'on fasse, l'un des points habituels de réunion et de station de la flotte. Vouloir créer sur ce point un port comparable, à l'arsenal près, à celui de Cherbourg, ce serait poursuivre une chimère. Sous le rapport militaire, le projet du 11 février 1846 est allé jusqu'à la limite du possible. Le port dont son exécution a doté Alger n'a pas d'analogue en France et n'est comparable qu'à celui de Gênes; il aura probablement la même destinée; dans un siècle, la marine militaire française désertera Alger pour Bougie, comme la marine militaire sarde déserte aujourd'hui Gênes pour la Spezzia.

Si, contrairement à ces prévisions, le port d'Alger conserve à tout jamais le commandement militaire de la côte d'Afrique, tout en devenant un des grands marchés maritimes de la Méditerranée, les quais, et peut-être le port lui-même, deviendront un jour insuffisants.

C'est à ce besoin éventuel que répond le projet d'un port supplémentaire indiqué au N. O. de la jetée Kaïr-ed-Din. Ce projet procure pour une dépense de 8 millions qui se réduit à 6, si l'on tient compte de la valeur des terres-pleins de rive gagnés sur la mer, les avantages suivants : un beau bassin de 30 hectares en dedans de l'enceinte fortifiée ; 1,200 mètres de quais de rive bordant la partie basse de la ville ; une rampe beaucoup plus douce que celle de la place Napoléon ; deux petites passes au vent du port ; un fort avancé en mer, protégeant le côté faible de la place.

Ces avantages sont plus importants et plus réels que ceux qu'on peut se promettre de la construction d'une mauvaise rade sous le vent du port, laquelle ne coûterait pas moins de 44 millions. Ils justifieront largement une dépense de 6 millions le jour où le port actuel deviendrait insuffisant.

Mais ce jour n'est pas venu. Après la construction des quais et de l'arsenal, l'œuvre du port d'Alger devra être considérée comme achevée et les préoccupations devront se porter sur Arzew, Bougie, Ténez, Philippeville et Bône. Après avoir assuré notre conquête, en faisant de la capitale du pays une place imprenable offrant un asile inviolable à nos escadres et à nos convois, il faut la rendre fructueuse, en améliorant les ports de commerce qui sont encore à très-peu près dans l'état barbare où nous les avons trouvés.

ANNEXE.

Extrait de la première édition.

EXAMEN COMPARATIF

DES TROIS SYSTÈMES D'ÉTABLISSEMENT MARITIME
PROPOSÉS POUR ALGER.

La construction d'un port de guerre et de commerce à Alger est depuis longtemps arrêtée en principe par le gouvernement; mais l'élaboration si pénible du projet, les révisions successives qu'il a subies, pendant le cours des travaux, prouvent que l'on s'est longtemps fait illusion sur les difficultés d'une semblable entreprise.

La qualité de port d'abri, de refuge et d'agression exige un mouillage sûr, assez vaste pour contenir une flotte, facile à prendre et à quitter en toute circonstance.

La qualité de port de ravitaillement et de réparation exige une étendue de quais et de terres-pleins de rive considérables, pour les établissements de la marine militaire.

La qualité de grand port marchand exige une nappe d'eau parfaitement calme et un vaste développement de quais, en dehors de l'arsenal.

Pour faire comprendre combien ces conditions diverses sont difficiles à remplir à Alger, il suffit de rappeler qu'il faut conquérir la totalité des terres-pleins de rive sur la mer, et créer le mouillage abrité de toutes pièces, au moyen de jetées fondées par des profondeurs d'eau énormes.

Le port d'Alger se compose en 1848 :

1° D'une rade foraine, formée par la nature ;

2° D'un port artificiel de 30 hectares.

Le port est le lieu de station des navires marchands et des bâtiments de guerre qui viennent isolément à Alger. Il est parfaitement à l'abri des vents et de la grosse mer du large ; mais il est tourmenté par le ressac et ouvert aux entreprises de l'ennemi.

La rade est le lieu de station des escadres ; elles y mouillent, au vent du port, dans l'E. S. E. de la tour du phare, par des profondeurs d'eau variables depuis 35 jusqu'à 50 mètres, sur un fond de vase d'une excellente tenue. Cette rade est tourmentée par la grosse mer du large et placée en dehors de la protection des batteries de côte. Elle offre des profondeurs d'eau trop considérables pour pouvoir être couverte, comme celle de Cherbourg, par un brise-lames. Elle est tenable en tout temps pour des bâtiments de guerre ; mais elle est trop tourmentée par la houle, trop ouverte aux attaques de l'ennemi pour être, comme l'arrière-rade de Toulon, le lieu de station habituel des escadres. La rade foraine d'Alger n'est donc, en réalité, qu'un premier mouillage offrant, à la rigueur, à une flotte un abri contre la tempête, et servant à faciliter les mouvements d'entrée et de sortie d'un convoi et de son escorte. Son rôle est analogue à celui de la grande rade de Toulon, qui n'est qu'un mouillage intermédiaire entre la pleine mer et l'arrière-rade.

Les trois systèmes d'établissements maritimes proposés pour Alger, en 1842, 1845 et 1847, bien qu'ils diffèrent essentiellement par leurs dispositions, poursuivent en apparence le même but : *la création d'un port de guerre et de commerce*. Pour faire apprécier jusqu'à quel point ils l'atteignent, nous ferons précéder l'examen comparatif de ces trois projets de quelques détails sur les éléments constitutifs d'établissements analogues existants et sur la manière dont ils fonctionnent.

L'établissement de Toulon comprend :

1° Une magnifique rade naturelle d'une superficie de 1,200 hectares, abritée des vents et de la mer, et dont une partie, appelée la petite rade, est fermée aux attaques de l'ennemi ;

2° Un petit port artificiel s'ouvrant sur l'arrière-rade par deux portes de 30 mètres de largeur, et composé d'une darse militaire de 20 hectares et d'une darse marchande de 16 hectares.

La rade est le lieu de station de tout bâtiment en état de prendre la mer ; les divers navires composant une flotte y jouissent d'une sécurité complète et y conservent une entière liberté de mouvements ; ils peuvent y appareiller presque simultanément, pour partir ensemble au premier signal.

La darse marchande et les quais de rive qui la bordent sont réservés pour le commerce.

La darse militaire offre un calme parfait et sert à remiser les navires inactifs; ils y sont rangés bord à bord, à se toucher; les bâtiments armés n'y entrent que pour se ravitailler ou réparer des avaries. Ce petit bassin, fermé par une chaîne, est en quelque sorte en dehors de la navigation; il est, si l'on peut s'exprimer ainsi, un *magasin* et un *hôpital* pour les vaisseaux.

Le port de Brest est, comme celui de Toulon, composé d'une rade vaste et sûre et d'un tout petit port fermé ou darse, divisé en deux régions distinctes affectées à la marine militaire et à la marine marchande.

Ces deux grands établissements maritimes présentent le type le plus parfait d'un grand port militaire; mais ce type n'a rien d'absolu, car Mahon n'a ni rade ni darse.

Le Port-Mahon est formé par un bassin unique de 5,800 mètres de longueur sur 450 mètres de largeur, qui ressemble au lit d'un fleuve; il s'ouvre directement en pleine mer par une passe de 400 mètres de largeur, coupée en deux par un haut fond et très-difficile à franchir à la voile; il offre le calme des eaux d'une darse et l'étendue de mouillage d'une rade; mais il ne présente pas, à beaucoup près, les facilités désirables pour l'entrée et l'appareillage d'un convoi ou d'une escadre. Malgré cette imperfection, qui résulte du manque absolu de rade, et même, d'un mouillage intermédiaire entre le port et la pleine mer, Mahon a toujours été classé, à l'arsenal près, parmi les grands ports militaires.

Les ports militaires sont donc des données de la nature; leurs dimensions excluent la possibilité de les créer entièrement; leurs dispositions sont aussi capricieuses que les découpures des côtes qui les ont formés. L'ensemble d'une vaste rade et d'un petit port fermé qu'ils présentent généralement procure deux choses presque également désirables, qui s'excluent mutuellement dans un bassin unique :

1° Le calme des eaux nécessaire aux navires désarmés et à ceux qui ont à effectuer des opérations bord à quai;

2° L'étendue de mouillage et la facilité d'entrée et de sortie nécessaires pour qu'une armée navale puisse y stationner à l'aise et évoluer rapidement.

Si la rade est vaste et sûre, comme à Toulon et à Brest, le port est en dehors du mouvement de la navigation et peut être réduit aux proportions d'une darse. Si la rade manque absolument, comme à Mahon, le port doit être comparable à une rade pour l'étendue du mouillage et la facilité de l'entrée. Si la rade est foraine, c'est-à-dire mal défendue contre la tempête et contre l'ennemi, comme à Alger, le port doit être un moyen terme entre la petite rade de Toulon et le vaste bassin de Mahon. En un mot, *la rade et le port doivent être le complément l'un de l'autre; une rade vaste et sûre et un grand port fermé formeraient un double emploi, dont pas un établissement maritime n'offre l'exemple.*

Le projet n° 1, colorié en jaune (*pl.* 9), complète la rade foraine d'Alger par deux simples darses, comparables par l'étendue et par la difficulté des mouvements d'entrée et de sortie à celles qui servent d'annexe à la magnifique rade de Toulon. Il est donc insuffisant.

Le projet n° 2, colorié en rouge (*pl.* 9), complète la rade foraine par un vaste port mixte, qui réunit au calme des eaux d'une darse l'étendue de mouillage et la facilité d'entrée et de sortie d'une arrière-rade.

Le projet n° 3, colorié en bleu (*pl.* 9), complète la rade foraine :
1° par un port de guerre et de commerce, qui, par son étendue et ses dispositions, est plutôt une arrière-rade qu'une darse ;
2° par une vaste rade couverte. Ce plan des travaux est plus que suffisant ; les deux parties dont il se compose forment en réalité double emploi.

Ces conclusions anticipées, tirées des principes mêmes qui servent de base aux trois dispositions présentées pour l'achèvement du port d'Alger, ressortiront beaucoup mieux de l'examen détaillé de chaque disposition.

Le projet n° 1 offre :
1° Une rade foraine naturelle, ouverte à la grosse mer et placée en dehors de la protection des batteries de côte ;
2° Une darse militaire de 16 hectares, dont 9 environ sont bons pour les vaisseaux ;
3° Une darse marchande de 26 hectares, qui existe déjà.

Les deux darses, où les bâtiments à voile n'entreraient qu'en se halant, sont séparées par la digue Algefna ; elles ont un avant-port commun d'environ 10 hectares, compris entre les musoirs des deux digues d'enceinte.

Une flotte ne pouvant, en aucun cas, trouver place dans le port, devrait toujours mouiller sur la rade foraine ; une escadre ne pouvant tenir dans la darse militaire qu'à la condition de s'y amarrer comme dans un bassin à flot n'y jouirait pas de la mobilité nécessaire, et s'y trouverait, en quelque sorte, emprisonnée. Par les vents du N. O., qui sont pour Alger les vents d'arrivage, l'entrée à la voile dans le port serait impossible, même pour les plus petits navires ; par tous les temps, les vaisseaux ne pourraient entrer ou sortir qu'un à un, et en se touant. Le mouillage et l'appareillage d'un convoi ou d'une escadre seraient donc toujours lents et difficiles ; ils ne seraient pas possibles en présence de l'ennemi ou par une grosse mer.

Ce projet, dont l'achèvement, à partir du 1er janvier 1848, coûterait 17 millions, sans compter la dépense pour l'arsenal et les défenses, ne présente donc aucune des qualités d'un port de refuge et d'agression. Son insuffisance et ses défauts nautiques l'ont fait abandonner.

Le projet n° 2 offre :

1° Une rade foraine, ou premier mouillage ouvert à la grosse mer et aux attaques de l'ennemi ;

2° Un port mixte, ou petite rade fermée, de 90 hectares, au S. duquel serait établi l'arsenal ;

3° Un port marchand de 30 hectares, bordé par de vastes quais.

Les deux ports auraient chacun leur entrée et seraient reliés par un canal de 10 mètres de profondeur, creusé à travers la jetée Kaïr-ed-Din. Leur ensemble est enveloppé par la nouvelle enceinte de la place et se trouve en parfaite harmonie avec les projets d'embellissement et d'agrandissement de la ville.

Le port mixte, dont les dispositions ont été déterminées par la condition de facilité d'entrée et de prompt appareillage, offre une contenance en vaisseaux comparable à celle de la petite rade de Toulon ; une flotte de 20 vaisseaux, 20 vapeurs et 300 bâtiments de transport y jouirait d'une sécurité complète et d'une assez grande mobilité. Le développement des quais est de 1,700 mètres. L'étendue des terres-pleins de rive affectés à l'arsenal est de

10 hectares ; cette étendue, qui est en moyenne le septième de celle d'un arsenal en France, suffirait pour un port de ravitaillement et de réparations courantes.

L'établissement militaire qui résulterait de l'exécution de ce plan présenterait les qualités essentielles d'un port d'abri, de refuge, d'agression, de ravitaillement et de réparation ; la rade foraine aurait un rôle analogue à celui que remplit à Toulon la grande rade, laquelle est ouverte aux attaques de l'ennemi et ne sert qu'à faciliter les évolutions d'une armée navale. Le port, ou petite rade fermée, tiendrait lieu à la fois de l'arrière-rade de Toulon où stationnent habituellement les navires, et de la darse où ils sont désarmés et réparés.

Le port marchand présente au N. deux passes orientées en sens contraire, qui dispenseraient, dans bien des cas, d'entrer ou de sortir par la grande passe du Sud et qu'on a pu rendre très-étroites, puisqu'elles seront toujours franchies vent arrière. Sa contenance est de 400 navires marchands de toutes dimensions ; ses quais de rive bordent, sur un développement de 1,200 mètres, la partie basse de la ville, centre actuel du commerce. Le prix de la concession des trois hectares de terres-pleins gagnés sur la mer, en arrière des quais, diminuerait d'environ 2 millions la dépense des travaux.

Les deux ports, parfaitement distincts, sont reliés l'un à l'autre par un canal et se prêtent un mutuel secours.

La faculté que les navires marchands, arrivant par une tempête, auraient d'entrer par la passe du Sud permet de rétrécir les deux passes du Nord, de manière à obtenir le calme des eaux désirable dans une darse affectée au commerce ; en temps de guerre, le port marchand deviendrait naturellement l'annexe du port mixte, et pourrait recevoir les plus nombreux convois, et, au besoin, 8 vaisseaux ou frégates. Au moyen des trois passes, les mouvements d'entrée et de sortie d'une escadre ou d'un convoi seraient aussi faciles et aussi prompts que dans la plupart des rades sûres. Les deux passes du Nord, placées à 1 mille plus au vent que celle du Sud, faciliteraient l'appareillage par les vents du large ; elles tendraient à rendre le blocus du port illusoire, puisqu'elles permettraient d'en partir par les gros temps de N. E., N. et N. O., qui chasseraient l'ennemi des atterrages d'Alger.

Ce système des deux ports distincts, que la nature a en quelque sorte indiqué en plaçant la ville à cheval sur les deux anses de Bab-Azoun et de Bab-el-Oued, concilie d'une manière heureuse les intérêts militaires et commerciaux d'Alger ; intérêts distincts, sinon antipathiques, qui ne se trouvent réunis au même degré dans aucun port de France ; il enveloppe la ville d'une vaste nappe d'eau abritée de 120 hectares de superficie, et fait participer toutes ses parties au mouvement maritime. Sa réalisation conduirait à une dépense totale de 38 millions, à partir du 1er janvier 1848, et doterait Alger d'un port militaire de deuxième ordre et d'un très-beau port marchand.

Ce plan d'ensemble, basé sur les besoins d'un avenir indéfini, se compose de deux parties distinctes, qui seraient établies à des époques diverses. La construction du port marchand, au N. de la ville, peut et doit être ajournée jusqu'au moment où les développements du commerce d'Alger auront prouvé qu'elle est nécessaire ; mais de grands et pressants intérêts réclament le prompt achèvement du port militaire. Ce premier établissement, dont la dépense totale s'élèverait à 30 millions, servirait provisoirement aux deux marines ; il satisferait largement à tous les besoins de notre époque et réserverait parfaitement l'avenir.

Le projet n° 3 offre :

1° Un vaste port de 95 hectares, composé d'une darse marchande, au N., et d'une darse militaire au S., séparées par une ligne fictive, variable selon les besoins du moment ;

2° Une rade couverte de 600 hectares, située sous le vent des darses, et séparée d'elles par une zone de 300 mètres de largeur, battue en plein par la houle du N.

Le port, comparé à ceux de Toulon, de Brest et de Cherbourg, offre en moyenne : *un bassin trois fois plus grand ; un développement de quais deux fois et demi plus petit ; une étendue de terres-pleins de rive quatre fois moindre.* Ses éléments constitutifs ont donc entre eux des proportions inusitées. Il s'ouvre directement en mer par une passe de 400 mètres de largeur, et n'est à bien dire qu'une petite rade fermée. Il n'a pas le caractère d'un établissement définitif, car il n'offre pas une étendue de quais et de terres-pleins de rive suffisante pour l'emplacement de l'arsenal et pour les besoins futurs du commerce.

La rade est très-vulnérable, car la grande passe a 1,200 mètres de largeur et ne présente que deux points à franchir ; elle est ouverte aux entreprises tentées de nuit par surprise à l'aide de bateaux à vapeur et de brûlots ; elle n'est qu'imparfaitement garantie contre une attaque de vive force. L'étendue de 600 hectares qui lui est assignée n'est qu'apparente ; l'étendue du mouillage bien abrité ne dépasse pas 200 hectares. Lors des coups de vent de N. et de N. E., les régions Est et Sud ne seraient pas tenables, et la région Ouest serait tourmentée par une houle puissante qui rendrait très-difficiles, sinon impossibles, les communications entre la rade et le port.

Ce plan d'ensemble, dont la dépense, à partir du 1er janvier 1848, s'élèverait à 74 millions, présente, comme nos ports militaires de France, deux éléments distincts, *la rade* et *le port;* mais cette ressemblance est dans les mots, et non dans les choses.

A Toulon, à Brest, à Cherbourg, la rade, située au vent du port, est le lieu de station des navires armés ; le port s'ouvre sur l'arrière-rade par une porte de 30 mètres de largeur, et n'est qu'un magasin et un hôpital pour les bâtiments inactifs ou désemparés.

A Alger, le port est au vent de la rade ; il est immense et s'ouvre en pleine mer par une passe de 350 mètres de largeur. Tous les navires isolés y entreraient et en sortiraient directement sans traverser la rade. En temps de paix, cette rade serait déserte ; en temps de guerre, elle n'ajouterait pas beaucoup à la facilité des mouvements d'entrée et de sortie d'une escadre. A l'arrivée, les vaisseaux, après y avoir jeté l'ancre, auraient beaucoup de peine à la remonter pour venir se mettre en sûreté dans le port. Au départ, ils se trouveraient trop enfoncés dans la baie pour pouvoir en sortir par les vents du large ; or, par les vents de terre, le port et la rade foraine offriraient à eux seuls toutes les facilités désirables pour l'appareillage. La rade couverte n'aurait donc une utilité bien réelle que dans le cas d'un convoi serré de près par l'ennemi, ou d'une flotte se réfugiant à Alger après un combat malheureux. Les défauts nautiques qu'elle présente sont inhérents à la position qu'elle occupe, sous le vent du port, absolument au fond de la baie, et ne sauraient par conséquent être corrigés. Les avantages qu'elle procure ne paraissent pas en rapport avec l'augmentation de dépense de 44 millions que son exécution nécessite ; ils pourraient être obtenus à très-peu près et à beaucoup moins de frais par la construction de deux îlots couronnés par des forts protégeant la rade foraine, ou plus simplement encore par des batteries flottantes.

Deux moyens se présentaient naturellement pour créer à Alger un port militaire :

1º Couvrir une portion de la rade foraine par des digues, de manière à la rendre sûre, et la compléter par une simple darse ;

2º Accepter telle quelle la rade foraine et remédier indirectement à ses imperfections par l'étendue et les qualités nautiques du port.

Le projet Raffeneau et le plan-programme, formulé en 1846 par M. Bernard, étaient basés sur le premier principe.

Le projet nº 2, présenté par nous en 1845, était fondé sur le second.

Le projet nº 3, adopté en 1847 par les conseils d'amirauté et des ponts et chaussées, est une combinaison malheureuse de ces deux systèmes opposés ; les deux parties dont il se compose font double emploi. La priorité d'exécution de l'une ou de l'autre partie n'est donc pas une simple question d'ordre des travaux ; en réalité, *l'établissement préalable du port, c'est le rejet de la rade ; la construction préalable de la rade couverte, c'est le rejet du tracé de la digue d'enceinte du port.*

Le conseil général des ponts et chaussées demande *la construction préalable de la rade;* le conseil d'amirauté propose de *construire immédiatement le port, l'arsenal, les défenses, et de laisser à l'avenir l'œuvre de la rade.*

Les propositions du conseil général des ponts et chaussées conduiraient à ajouter 56 millions aux 10 millions dépensés au 1ᵉʳ janvier 1848 pour doter Alger d'une rade imparfaite, inférieure sous le rapport nautique aux rades naturelles de Mers-el-Kébir et de Bougie ; elles ne paraissent pas admissibles : il serait peu logique de dépenser ainsi 66 millions pour créer une nouvelle rade en Algérie, alors qu'on n'a pas même utilisé celles que la nature a formées en les protégeant par des batteries et en les dotant de magasins de ravitaillement ; il serait peu prudent d'attendre que cet énorme sacrifice fût consommé pour travailler à construire à

Alger un port fermé et un arsenal de réparation. *Ce qui manque surtout sur la côte de l'Algérie, ce qu'il importe de créer au plus tôt à Alger, c'est un bassin, fermé aux attaques de l'ennemi, offrant à un convoi une sécurité complète, et à la flotte un port de refuge et de ravitaillement dans lequel les navires de guerre désemparés puissent être remisés et réparés.*

Les propositions du conseil d'amirauté, qui réclame l'exécution préalable du port et de l'arsenal, conduiraient à une dépense immédiate de 34 millions. Cette première partie du projet n° 3 ne diffère de la première partie du projet n° 2 que par la longueur du môle, qui est portée de 700 à 900 mètres. Cette variante n'est pas heureuse : elle interdit, d'une part, l'entrée à la voile par les vents d'arrivage (condition nautique essentielle tant que le port ne sera pas précédé d'une rade couverte); elle accroît, d'autre part, la dépense de 4 millions, pour revenir à l'orientation de la passe du projet n° 1, orientation vicieuse, repoussée à l'unanimité, en 1846, par la commission mixte, et unanimement condamnée, dès le 7 juillet 1845, par la commission nautique dans les termes suivants :

« La passe (orientée E. 15° N. et O. 15° S.) serait presque
« toujours difficile à franchir : par les coups de vent du large,
« elle serait impraticable pour les vaisseaux; par les vents de la
« partie N. O., qui dominent à Alger, les bâtiments n'entreraient
« qu'un à un, au moyen d'un halage pénible et par conséquent à
« de longs intervalles; l'entrée d'une escadre ou d'un convoi
« serait toujours délicate et ne s'effectuerait qu'avec une extrême
« lenteur; elle ne serait plus possible en présence de l'ennemi.
« Cette passe satisferait, sans nul doute, aux besoins d'un port
« marchand, mais elle est inadmissible pour un port de refuge en
« temps de guerre, défaut tellement grave qu'il entraîne à lui seul
« la nécessité de modifier le projet de 1842. »

PROJET D'ÉTABLISSEMENT DÉFINITIF.

La civilisation romaine, qui avait utilisé si complétement les propriétés naturelles des divers ports algériens, n'avait créé à

Alger qu'un village de pêcheurs. Cette position maritime n'a en effet, par elle-même, aucune valeur :

Sous le rapport nautique, elle n'offre qu'une plage battue par la mer et qu'une rade foraine que l'art serait impuissant à rendre sûre.

Sous le rapport commercial, elle est, en quelque sorte, isolée de l'intérieur du pays par l'étroite ceinture de montagnes, qui entoure la plaine de la Mitidja.

Sous le rapport militaire, elle est très-vulnérable par terre et par mer et ne commande aucun parage important.

La ville actuelle est née de la piraterie ; après s'être enrichie des dépouilles du commerce méditerranéen sous les corsaires, et du produit des razzias sous les Turcs, elle a grandi rapidement, sous la domination française, en absorbant à son profit la plus grande partie du budget de l'Algérie.

D'immenses travaux ont été exécutés depuis 1830 pour développer les propriétés naturellement très-restreintes de cette place maritime : un réseau de routes, rayonnant dans toutes les directions, a étendu le cercle de ses relations commerciales et de son commandement militaire ; une enceinte bastionnée a assuré sa défense continentale ; l'extension progressive du port créé par Kaïr-ed-Din a satisfait aux besoins croissants de la navigation. C'est ainsi qu'Alger est devenu successivement une grande cité, un grand entrepôt commercial, une place forte, un port sûr.

Alger est donc de tout point une création artificielle ; son importance comme cité est le résultat des rapines séculaires de ses anciens maîtres, les pirates et les Turcs ; son importance comme place maritime est la conséquence des événements qui en ont fait le point de départ de nos conquêtes dans le Nord de l'Afrique et la capitale provisoire de l'Algérie. Cette importance, désormais acquise, nécessite la construction d'un port de guerre et de commerce, qu'il faut créer de toutes pièces au moyen de jetées fondées par des profondeurs d'eau énormes. Ce travail a coûté 10 millions, de 1837 à 1848, et n'est encore qu'ébauché ; il faut l'achever, sans doute, mais sans se faire illusion sur le résultat qu'il est possible d'atteindre, et en proportionnant les dépenses à l'importance réelle de la position.

Entreprendre de fonder à Alger un port militaire comparable, à l'arsenal près, à ceux de France, ce serait poursuivre une chimère ; parmi les rades de l'Algérie, il n'en est qu'une qui se prête à une semblable création (celle de Bougie, *pl.* 11). Quoi qu'on fasse, l'établissement maritime d'Alger sera trop imparfait pour être à tout jamais une digne succursale de Toulon, et, dans un avenir plus ou moins lointain, ce port devra céder à Bougie le commandement militaire de la côte d'Afrique. Dès 1845, nous avions exprimé cette pensée ; en présence de l'énorme dépense et des vices du projet n° 3, qui a pour but de perpétuer la suprématie militaire du port d'Alger, il nous est impossible de nous former une autre opinion.

La nature a préparé les emplacements de tous les ports militaires existants ; l'homme n'a fait que les approprier à ses besoins. Lorsque le désastre de la Hougue eut fait sentir la nécessité d'un port de refuge en regard des côtes d'Angleterre, le choix de l'emplacement fut commandé par les dispositions relativement favorables de la rade de Cherbourg. Mais, bien que cet établissement maritime ne soit qu'un diminutif des ports naturels de Brest et de Toulon, il aura exigé un travail séculaire et une dépense de 220 millions [1].

Le port d'Alger doit être établi sur la plus mauvaise rade, sur l'emplacement le plus ingrat de la côte d'Algérie ; il sera le premier exemple d'un grand établissement maritime créé de toutes pièces au moyen de jetées fondées par des hauteurs d'eau de plus de 20 mètres [2]. Dans une entreprise semblable, ce n'est pas la perfection que l'on doit rechercher, elle est impossible ; c'est le moyen de développer les propriétés naturelles de la position dans la mesure des besoins réels.

Ces besoins, envisagés au point de vue d'un avenir indéfini, exigent :

1° *Sous le rapport militaire*, un port de refuge, d'agression et de réparations courantes, qui appuie les opérations de notre flotte dans la Méditerranée, et assure le ravitaillement de l'armée d'Afrique, en offrant à nos convois un asile inviolable ;

---

[1] Ce chiffre de 220 millions comprend une somme de 32 millions pour la fortification de Cherbourg du côté de terre.

[2] Les profondeurs maxima sont : 23 mètres pour le projet n° 1, 29 mètres pour le projet n° 2, et 39 mètres pour le projet n° 3.

2° *Sous le rapport commercial*, un port marchand offrant, en dehors de l'arsenal, un développement de quais en harmonie avec l'importance du grand marché qu'il doit desservir.

Le projet n° 1, dont la dépense totale s'élève à 40 millions, pèche :

1° Parce que l'étendue des quais et des terres-pleins de rive ne suffirait pas aux besoins divers des marines militaire et marchande ;

2° Parce que, si une darse militaire de 16 hectares peut être, comme à Toulon, à Brest et à Cherbourg, l'annexe d'une rade vaste et sûre, elle ne saurait compléter la rade d'Alger, qui est foraine, c'est-à-dire ouverte à la grosse mer et aux attaques de l'ennemi.

Le projet n° 3, dont la dépense totale s'élève à 84 millions, pèche :

1° Parce que l'étendue des quais et des terres-pleins de rive est insuffisante pour l'emplacement de l'arsenal et pour les besoins futurs du commerce ;

2° Parce que la rade est sous le vent du port et parce que ces deux éléments constitutifs de l'établissement projeté ne sont pas coordonnés entre eux de manière à se compléter l'un par l'autre et font en réalité double emploi.

Le projet n° 2, dont la dépense totale s'élève à 48 millions, nous paraît devoir être préféré aux deux autres; l'établissement maritime qui résulterait de son exécution se composerait : d'un port militaire de deuxième ordre, qui suffirait à garantir notre conquête contre les éventualités d'une guerre européenne, et d'un grand port marchand, qui satisferait largement et pour toujours aux besoins du commerce d'Alger.

PROJET D'ÉTABLISSEMENT IMMÉDIAT.

Le projet n° 1, adopté en 1842 par le gouvernement, ne suffisait même pas aux besoins actuels ; il est désormais abandonné. Les deux autres peuvent être diversement jugés, puisqu'ils reposent sur des appréciations nécessairement contestables des besoins futurs de la position ; on doit les considérer, non comme des plans de travaux entre lesquels il faut opter dès aujourd'hui, mais comme des études d'ensemble qui permettront de réaliser les améliorations reconnues indispensables, de telle sorte que toute possibilité d'extentions futures soit réservée.

Quel que soit le jugement que l'on porte sur ces deux projets d'établissement définitif, leur examen nous paraît avoir prouvé :

1° Que la construction d'un vaste port fermé à l'E. de la ville, satisfaisant à tous les besoins actuels et réservant parfaitement l'avenir, est à notre époque l'unique travail à faire;

2° Qu'il faut laisser à des temps ultérieurs le soin de compléter, s'il y a lieu, ce premier établissement, soit par un nouveau port marchand, soit par une rade couverte, soit par tout autre moyen.

Pour résoudre la question du port d'Alger dans ce qu'elle a d'actuel et de pratique, il suffit donc d'arrêter le plan des travaux pour l'achèvement du port commencé à l'E. de la ville.

Or, à ce point de vue restreint, le projet n° 3 ne diffère du projet n° 2 que par la longueur du brise-lames, portée de 700 à 900 mètres; ce prolongement de 200 mètres du môle Nord entraîne une dépense supplémentaire de 4 millions et incline la passe de 25° vers le S.

Pour apprécier à sa juste valeur le mérite de cette modification, il est nécessaire de se rappeler les faits suivants relatifs au régime des vents et de la mer dans la baie d'Alger :

1° Les vents de la partie N. O. soufflent très-fréquemment; ils sont généralement les vents d'arrivage, puisqu'ils amènent les navires de France et de l'Océan;

2° Les tempêtes éclatent toujours entre le S. O. et le N. E., et augmentent de violence à mesure que le vent tourne au N.;

3° Les vents d'E. N. E. ne sont jamais forts, car dès qu'ils fraîchissent, ils tournent au N. E.;

4° Dans les gros temps, la houle se propage toujours dans la rade d'Alger du N. N. E. au S. S. O; elle s'infléchit à peine de quelques degrés de part et d'autre de cette direction normale, sous la pression du vent régnant.

L'orientation E. 40° N. et O. 40° S., que le tracé n° 2 assigne à la passe, est déterminée par la condition d'entrée à la voile par les vents d'arrivage; elle assure le calme de la nappe d'eau circonscrite par les jetées, puisqu'elle la couvre de tous les vents dangereux et la défile de la houle directe qu'ils soulèvent ; elle rend l'accès du port facile par tous les vents, car l'O. N. O., le seul qui se refuserait à l'entrée à la voile, est masqué par la ville et souffle toujours, à la hauteur de la passe, soit de l'O., soit du N. O. Par tous les vents maniables, les bâtiments composant un convoi ou une escadre pourraient venir mouiller à la file dans le port ; par un coup de vent, les navires marchands franchiraient la passe sans hésitation et sans risques, mais les vaisseaux devraient attendre sur la rade foraine (où dans ces circonstances ils n'auraient rien à redouter de la part de l'ennemi) que la tourmente fût apaisée pour prendre l'entrée. *D'après le projet n° 2, le port d'Alger, bien qu'il ne fût pas précédé d'une rade abritée, aurait donc néanmoins à un degré suffisant les qualités essentielles d'un port de refuge en temps de guerre.*

L'orientation E. 15° N. et O. 15° S., donnée à la passe dans le projet n° 1, adopté en 1842, et reproduite en 1847, dans le projet n° 3, ferme le port à tous les rumbs de vent du large ; mais elle interdit l'entrée à la voile par les vents de N. O. et la rend dangereuse par les gros temps de la partie Nord. La fermeture du port aux aires de vent d'E. N. E. est peu importante pour le calme des eaux, puisque ces vents sont toujours faibles et ne soulèvent jamais de grosse mer ; elle a l'inconvénient grave de faire perdre au port la qualité essentielle indispensable d'un port de refuge en temps de guerre ; elle suppose et commande la création d'une rade abritée en avant du port ; elle est par conséquent inadmissible dans un projet qui a pour but unique l'achèvement du port à l'E. de la ville.

Il résulte de cette discussion qu'au point de vue de l'achèvement du port à l'E. de la ville, le projet n° 3 pèche :

1° *Parce qu'il donne à la passe une orientation vicieuse, que les commissions nautique et mixte d'Alger ont unanimement repoussée, comme devant faire perdre au port la qualité de port de refuge en temps de guerre;*

2° *Parce que l'absence de cette qualité essentielle forcerait à compléter immédiatement le port par une rade couverte, et conduirait ainsi à d'énormes sacrifices, en vue d'un but chimérique, la création à Alger d'un port militaire de premier ordre.*

Le projet n° 2 n'a aucun de ces défauts; le port en construction à l'E. de la ville devrait donc être achevé d'après le plan des travaux proposé le 11 février 1846 par la commission mixte.

Ce premier établissement ne saurait, il est vrai, être comparé aux ports militaires de la métropole ; mais il doterait Alger d'un bon port de refuge, d'agression et de réparation qui satisferait, à notre époque, aux besoins de la paix et de la guerre, et réserverait toute possibilité d'amélioration et d'extension futures.

DELLYS.

(*Pl.* 10.)

La ville de Dellys, mi-partie arabe et française, est établie sur l'emplacement de l'antique Rusucurus; elle est adossée à des terres élevées, et occupe le fond d'une anse très-ouverte, battue en plein par les vents de la partie N. E.; ses habitants font un petit commerce de cabotage avec Alger au moyen de sandales qu'ils halent à terre. Les débarquements ont lieu au pied de la ville, sur une petite grève de sable et galets. Le petit débarcadère construit en 1847 en avant de cette plage est facile à accoster par les vents de la partie Ouest, mais il cesse d'être abordable dès que la brise du N. E. fraîchit. Les courriers de la côte s'arrêtent sur un corps mort solidement établi, par 5 mètres de profondeur, à 400 mètres E. de la tête du débarcadère.

La pointe de Dellys, s'avançant comme un môle dans la direction du N. E., ferme l'anse au N. O.; elle est longue, étroite, élevée; elle est prolongée de 200 mètres par une ligne de gros rochers, et d'environ 600 mètres par un banc de roches sur lequel il n'y a que 3 mètres d'eau; un feu de port est établi à son extrémité.

Les bâtiments jettent l'ancre à l'abri de cette pointe, par 20 à 25 mètres d'eau, sur un fond de sable vasard, d'une excellente tenue; ce mouillage, parfaitement sûr par les vents de l'O. au N., est complétement ouvert du N. à l'Est. Son accès est toujours facile, mais l'appareillage y devient parfois impossible; avec le vent et la houle de N. E., on ne peut pas espérer pouvoir doubler la pointe de Dellys

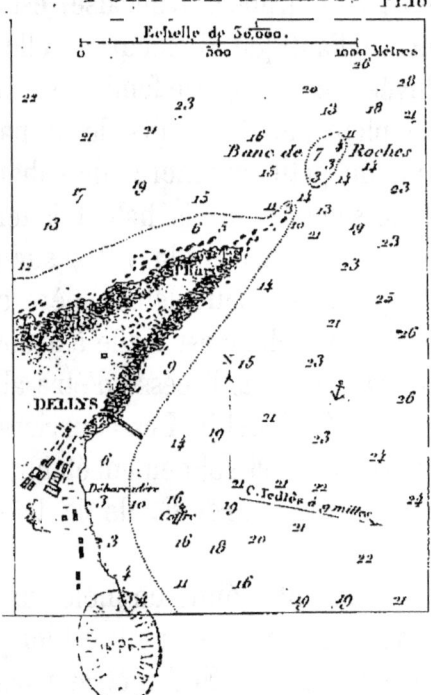

ou le cap Tédles, pour s'élever en mer. La présence de la vase par des profondeurs d'eau médiocres autorise à penser que les tempêtes sont plus rares et moins violentes dans la baie que sur d'autres points de la côte qui paraissent, au premier coup d'œil, mieux abrités. Un navire, n'ayant pas à craindre d'y chasser sur ses ancres, peut y tenir en toute saison avec de bonnes chaînes. Cette ressource, suffisante pour des navires de guerre, ne l'est pas pour les bâtiments mal armés qui font le commerce de l'Algérie ; bien qu'il en vienne fort peu à Dellys, 10 y ont fait naufrage de 1846 à 1854. Ce mouillage n'est donc pas sûr ; il n'offre guère que la sécurité relative que l'on trouve sur les rades foraines d'Alger et de Collo, et généralement sur tous les points de la côte, abrités du N. O., où l'ancrage est profond et d'une forte tenue.

La ville de Dellys, occupée en 1844, a été le point de départ et la base de nos opérations dans la Kabylie occidentale. Elle est reliée à Aumale par une route stratégique qui nous garantit la soumission d'une partie des tribus du Jurjura. Ce poste est très-vulnérable par mer ; il est isolé de nos places de l'intérieur par un pays hostile, il pourrait offrir aux escadres ennemies un lieu de station, très-commode pour surveiller les abords d'Alger. Sa fonction militaire est donc assez importante pour légitimer des travaux de défense propres à interdire l'accès du mouillage à l'ennemi et à mettre la ville à l'abri d'un coup de main.

La ville de Dellys est le marché maritime de la région Ouest de la grande Kabylie ; elle est placée au débouché des vallées de l'Isser et du Sébaou, qui pénètrent profondément dans le pays ; mais elle est séparée des plaines d'Aumale et des plateaux de l'intérieur par plusieurs chaînes de hautes montagnes. Sa valeur, comme point de transit, est à peu près nulle ; sa sphère d'action n'embrasse qu'un territoire riche, mais peu étendu. Son port ne sera jamais qu'un marché de caboteurs, succursale de celui d'Alger. Sa fonction commerciale est trop modeste pour légitimer la création d'un bassin de débarquement en avant de la grève qui borde la ville, sur un emplacement très-ingrat et très-exposé aux atterrissements. Mais on devra faciliter le mouvement des marchandises entre la rade et la ville au moyen d'un grand débarcadère, que les embarcations puissent aborder à l'abri de la houle de N. E.; la disposition indiquée sur le plan remplit très-bien ce but.

La construction de ce débarcadère et d'un système de points fixes sur la grève pour le halage des bateaux du pays, l'établissement de puissantes batteries de côte sont les seuls travaux à faire au port de Dellys. Ces améliorations de détail, dont la dépense est estimée à 170,000 francs, suffiraient pour un long avenir, sinon pour toujours, aux besoins commerciaux et militaires de la position.

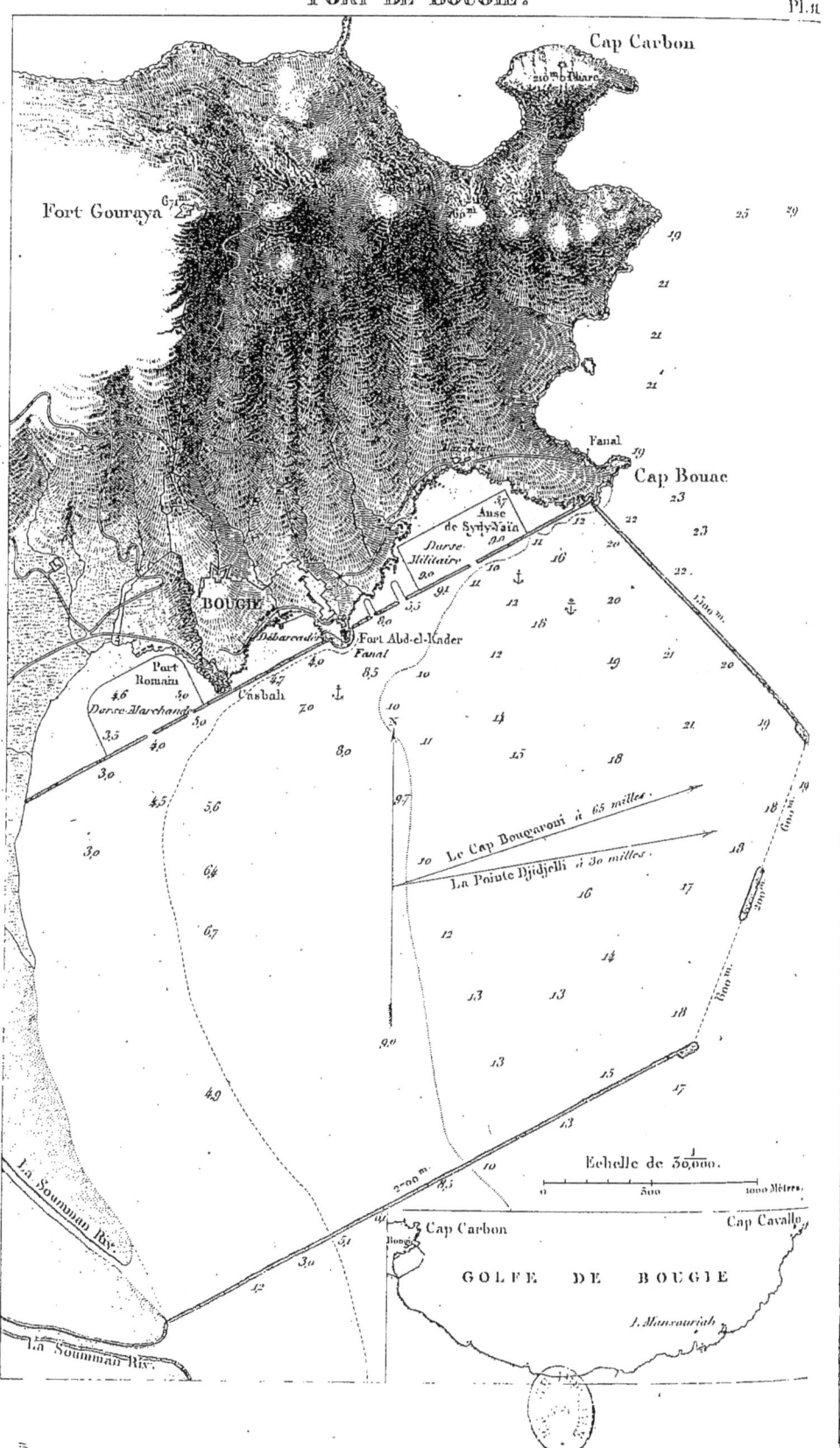

BOUGIE.

(*Pl.* 11.)

PROPRIÉTÉS NAUTIQUES.

Le golfe de Bougie, compris entre le cap Carbon et le cap Bougaroni, le point le plus Nord de la côte d'Algérie, est divisé en deux grandes baies par le cap Cavallo : celle de Bougie, à l'O., correspond à la vallée de la Soumman, qui pénètre par les deux principaux affluents l'Oued-Sahel et le Bou-Sellam jusqu'à Aumale et Sétif; celle de Djidjelli à l'E., où débouche l'Oued-el-Kébir ou Rummel inférieur, communique par Mila avec Sétif et Constantine.

La baie de Bougie comprise entre le cap Carbon et le cap Cavallo offre la forme régulière d'une moitié d'ellipse; elle fait face au N. et a 23 milles d'ouverture sur 8 milles de profondeur. Les vents tempétueux ne pénètrent pas, en général, dans le fond de la baie, mais ils soulèvent une houle puissante qui s'y propage du N. au S.; les petites brises du large y entrent habituellement, le louvoyage y est alors aussi facile qu'en pleine mer. Les bâtiments craignent néanmoins de s'y enfoncer, à cause de la brume et des calmes plats, qu'on y rencontre très-souvent.

La rade de Bougie, située dans la région occidentale de la baie, est formée par un vaste rentrant de la côte de 3,500 mètres de profondeur ; elle présente à partir du cap Bouac trois grandes sinuosités en retrait l'une sur l'autre : l'anse Sydy-Yaïa, l'anse Abd-el-Kader, l'anse du port Romain. Elle est couverte, au N., par les terres élevées qui rattachent le cap Carbon au mont Gouraya; à l'O. et au

S., par la plage ; elle est protégée, du côté de l'E., par les terres du cap Cavallo, et par la saillie au N. du cap Bougaroni.

Cette rade est parfaitement abritée de toutes les aires de vent ; elle n'est tourmentée que par la houle de N. E., qui n'est jamais ni assez vive ni assez haute pour compromettre un navire mouillé sur de bonnes amarres. Pendant l'été, on peut y jeter l'ancre partout, avec confiance, dès qu'on se trouve en dedans du cap Bouac qui la ferme au Nord. Le mouillage des vaisseaux est dans la région N. O. de la rade, par des profondeurs d'eau depuis 12 jusqu'à 20 mètres, sur un fond de vase, d'une excellente tenue, recouvrant un banc d'argile. Il est assez sûr pour que des bâtiments de guerre puissent y stationner sans danger pendant l'hiver, assez vaste pour contenir une flotte. La tenue y est si forte qu'on a bien de la peine à déraper les ancres.

Le mouillage devant la ville, quoique généralement sûr, n'offre pas cependant une sécurité complète aux navires mal armés qui font le cabotage de la Méditerranée ; il est parfois bien tourmenté par la houle du N. E. ; pendant l'hiver il est prudent de se placer dans l'anse du Nord, qui a reçu le nom de Sydy-Yaïa du marabout qui la domine.

Cette anse était, sous les Turcs, le point d'hivernage de la flotte algérienne ; les bâtiments qui y sont mouillés par le travers du marabout, de manière à relever la pointe Bouac plus S. que l'E. N. E., n'ont rien à redouter de la tempête et peuvent toujours communiquer entre eux. L'expérience a même démontré que des embarcations et des chalands pouvaient y passer l'hiver, sur leurs ancres, sans éprouver d'avaries. On a construit récemment dans le fond de l'anse un débarcadère et une cale de halage, pour les canots de la direction du port.

La région du mouillage qui offre une sécurité aussi complète ne présente que des hauteurs d'eau variables depuis 6 jusqu'à 10 mètres, et ne peut contenir qu'une vingtaine de navires, affourchés N. O. et S. E. Sous ce rapport, la rade de Sydy-Yaïa est inférieure à celle de Mers-el-Kébir ; mais, en raison même de ces petits fonds, elle se prête mieux à toute amélioration ultérieure au moyen de jetées.

La rade de Bougie est signalée au loin, de jour par le mont Gouraya et de nuit par un phare de premier ordre placé sur le cap Carbon. Elle offre en tout temps un refuge assuré aux navigateurs. Par les tempêtes de la partie N. E., les bâtiments arrivent vent arrière dans le fond de l'anse de Sydy-Yaïa et y stationnent en toute sécurité ; par les coups de vent de N. O., on ne saurait venir à la voile dans la région la mieux abritée du mouillage, car les vents de cette partie sont masqués par les terres élevées du Gouraya et tombent dans la baie par fortes rafales de l'O. et du S. O.; on n'atteindrait pas même de la bordée le mouillage devant la ville, car le vent refuse de plus en plus à mesure que l'on s'avance vers le S.; il serait imprudent de louvoyer dans la baie pour gagner l'anse de Sydy-Yaïa, car en s'éloignant du cap Bouac, on se trouverait bientôt au milieu de rafales du S. O. mêlées d'accalmies et d'une forte houle du N.; dans ces circonstances, un virement de bord vent devant serait le plus souvent impossible ; un virement de bord vent arrière, à proximité du rivage, ne serait pas sans danger, et son résultat le plus heureux serait de ramener le bâtiment au point de départ.

Un navire qui se réfugie à Bougie par un coup de vent de la partie N. O. doit donc ranger le plus possible la pointe Bouac, venir au vent dès qu'il l'a dépassée, et mouiller, à bout de bord, par 13 à 14 mètres d'eau. Dans cette position il sera très-bien abrité du vent régnant, et, s'il craint que la tempête passe au N. E., il pourra gagner le fond de l'anse Sydy-Yaïa, en se touant.

Les appareillages sont généralement faciles à Bougie : d'abord, parce que la rade est peu enfoncée dans la baie, et, en second lieu, parce que le louvoyage dans cette vaste baie, où les petites brises du large entrent et où l'on peut prolonger les bordées jusqu'à 400 mètres de terre, est presque aussi commode qu'en pleine mer.

La rade de Bougie offre donc naturellement un bon mouillage d'hiver, susceptible, d'abriter une flotte entière, facile à prendre et à quitter par tous les temps. Ce mouillage, dont la région N. O. est comparable pour la sûreté à une rade fermée, est aujourd'hui une relâche précieuse entre Alger et Bône, et deviendrait, en temps de guerre maritime, une station du plus haut intérêt pour nos escadres. C'est le seul emplacement sur la côte d'Algérie qui se prête à un grand établissement naval.

La baie de Bougie, comprise entre deux caps avancés en mer, est à l'abri des alluvions venues du dehors ; sa rive Ouest, jusqu'à 2 milles au S. de la ville, est formée de roches calcaires indestructibles ; sa rive Est, jusqu'à Mansouriah, offre une falaise dentelée, semée d'îlots et coupée de petites plages, qui est évidemment corrodée ; sa rive Sud, entre la rivière et Mansouriah, est une vaste plage de sable qui s'étend sous l'eau jusqu'aux profondeurs de 8 à 10 mètres, à partir desquelles on ne trouve plus que de la vase.

Cette baie n'est donc atterrie que par les apports de la rivière et par les érosions de la rive Est. Les alluvions qu'elle reçoit s'y répartissent, sans distinction d'origine, d'après leur nature. Les sables s'accumulent sur la partie du rivage située au plus profond de la baie ; les vases se déposent au large. Les sables cessant d'être mobilisés par la houle avant d'atteindre la région des vases, et les vases ne pouvant séjourner sur la zone des sables, où elles sont incessamment délayées par l'agitation des eaux, les nouveaux dépôts se font toujours sur des fonds similaires. L'anse du port Romain et l'anse Abd-el-Kader étant dans la zone des sables, sont exposées à s'ensabler ; l'anse Sydy-Yaïa étant tout entière dans la région des vases est exposée aux envasements. Le progrès de l'atterrissement dans ces trois anses est très-lent ; il serait annulé par tout système de jetées qui rejetterait en dehors de la rade les courants d'eau troubles qui, par les coups de vent de N. E., la traversent aujourd'hui du S. au N.

PROPRIÉTÉS COMMERCIALES.

La ville de Bougie, placée vers le fond de la baie du même nom, à cheval sur l'anse Abd-el-Kader, occupe l'emplacement de l'ancienne *Saldœ*. L'histoire et les vestiges du port romain attestent son antique importance, les débris de la ville arabe, qui couvrent un vaste espace et remontent vers le Gouraya jusqu'à une grande hauteur, prouvent une importance récente plus grande encore.

Cette ville est située à l'entrée de la vallée de la Soumman, qui relie les vastes plaines de l'intérieur à la côte, à travers le massif montagneux de la grande Kabylie. Elle est naturellement le marché maritime des territoires de Sétif et d'Aumale et le port de transit de Bou-Sada, l'un des grands entrepôts du plateau central. Dès que le commerce entre l'Europe et l'intérieur de l'Afrique, momentanément dévié sur Tunis, reprendra sa pente naturelle à travers l'Algérie, elle participera pour une large part à ce commerce.

Les avantages nautiques de cette position maritime assurent sa suprématie sur tous les ports voisins; elle centralisera, sans nul doute, la navigation de cabotage qui s'établira à Tédles, Mers-el-Farm, Djidjelli, Mers-el-Zeitoum, et autres petits ports compris entre Dellys et Collo, et acquerra ainsi le monopole du commerce extérieur de la grande Kabylie.

La ville de Bougie a donc autour d'elle un vaste et riche territoire, exploité par un peuple actif et industrieux, et cinq ou six ports de caboteurs, qui seront autant de succursales du sien; derrière elle, les belles plaines d'Aumale et de Sétif, qui furent, sous la domination romaine, le grenier de l'Italie, et enfin Bou-Sada, ce grand marché intérieur qui a centralisé pendant des siècles le commerce d'échanges du Tell avec le Sahara oriental et l'intérieur de l'Afrique.

Bougie, prise, en 1833, par le général Trézel, est occupée depuis cette époque; mais la fonction de cette place a été, jusqu'ici, exclusivement maritime; l'étroite ceinture de blockhaus qui l'entoure et limitait naguère son territoire embrasse à peine la rade. Tant que l'hostilité des Kaybles a maintenu autour de la ville un étroit blocus, ce poste, isolé de nos autres possessions d'Algérie, n'était susceptible d'aucun développement. En dehors de sa valeur nautique, il ne pouvait avoir qu'une importance stratégique comme centre d'opérations militaires ayant pour but la conquête de la Kabylie. Ce but est atteint aujourd'hui : la crainte de nos armes, le spectacle de nos mœurs et de notre civilisation, l'appât du commerce, ont amené la soumission générale de la grande Kabylie. La vallée de la Soumman, cette belle voie naturelle qui relie Sétif et Aumale à la côte, est désormais ouverte; Bougie a cessé d'être une impasse, et deviendra un grand marché maritime dès qu'on l'aura doté d'une bonne route sur Sétif.

Après vingt ans d'occupation, les autres ports de l'Algérie ne faisaient encore qu'un commerce d'importation alimenté par les besoins de l'armée. Les Arabes, ruinés par la guerre, n'avaient en effet rien à offrir et, par conséquent, rien à demander au commerce européen ; mais les populations agricoles et industrielles de la grande Kabylie ont, dès aujourd'hui, de nombreux produits à nous offrir en échange des nôtres. Tout porte à croire que le commerce s'établira promptement à Bougie sur des bases régulières, et que les développements de cette position, si longtemps comprimés par des circonstances politiques, seront très-rapides.

Sous la domination française, le port de Bougie redeviendra nécessairement l'un des principaux marchés de la côte d'Algérie ; il sera à la fois : l'entrepôt général du commerce extérieur de la grande Kabylie ; le débouché à la mer des produits agricoles des plaines de Sétif et d'Aumale ; l'un des grands ports de transit entre l'Europe et l'intérieur de l'Afrique.

PROPRIÉTÉS MILITAIRES.

La rade de Bougie, sur laquelle une flotte peut stationner en toute saison, a, aujourd'hui, *une importance militaire comparable à celle de Mers-el-Kébir*. Elle surveille le passage des îles Baléares et les abords du canal de Malte, et appuie nos opérations navales sur les côtes d'Italie et dans les mers du Levant ; elle commande militairement tous les mouillages, depuis Dellys jusqu'à Stora et facilite les relations d'Alger avec Philippeville et Bône ; elle couvre la frontière maritime de la province de Constantine et assure le ravitaillement de l'armée dans cette province.

La rade de Bougie occupe sur la côte d'Algérie une position un peu moins centrale que celle d'Alger ; mais la sûreté et l'étendue de son mouillage, l'alliance intime d'un pays voisin, qui paraît devoir étendre du côté de l'E. nos points d'appui sur la côte d'Afrique jusqu'à la rade de Tunis, la désignent comme un centre d'opérations préférable pour la flotte. Elle commande d'ailleurs des parages maritimes plus importants et se trouve plus rapprochée de Toulon, de Marseille, et surtout des ports de la Corse qui, en temps de guerre maritime, offriraient à nos escadres de précieuses relâches entre la France et l'Algérie. Ses communications avec la métropole seraient plus faciles que celles d'Alger : d'abord, parce que la route est plus courte et évite les atterrages de Mahon, où nos convois seraient exposés à rencontrer l'ennemi ; et, en second lieu, parce que le départ de France ayant lieu généralement par les vents de N. O. et le retour par les vents de S. E., Bougie se trouverait placé sous le vent de Toulon pour aller en Algérie et au vent pour revenir en France.

La ville de Bougie occupe, sur les flancs escarpés du Gouraya, une position très-forte, que l'art pourrait à peu de frais rendre imprenable ; elle est aujourd'hui entourée par une simple chemise qui la met à l'abri d'une insulte de la part des Kabyles, mais qui n'offrirait pas la moindre protection contre des soldats européens. Cette circonstance est regrettable, car la baie présente naturellement de grandes facilités pour un débarquement de troupes. La défense maritime de la place est aussi très-imparfaite : la Casbah n'est qu'un amas de ruines, et le fort Abd-el-Kader ne vaut guère mieux ; le fort Bouac qui, sous les Turcs, commandait la rade de Sydy-Yaïa n'existe plus; il a été avantageusement remplacé par une batterie rasante établie sur la pointe Bouac.

PROJET D'ÉTABLISSEMENT DÉFINITIF.

Bougie a été, à toutes les époques, l'une des principales cités maritimes de l'Algérie. Les Romains y fondèrent une grande ville; les Berbères y placèrent le siége de leur empire; les Espagnols qui, au seizième siècle, préludaient à leur grandeur maritime par leurs conquêtes dans le N. de l'Afrique, s'y établirent beaucoup plus fortement qu'à Alger.

Les progrès de la navigation, en augmentant les dimensions des navires, ont été funestes à une multitude d'anciens ports; ils donnent à celui de Bougie une importance nouvelle : à l'époque d'une navigation encore imparfaite, l'anse au S. de la ville, emplacement du port romain, suffisait à tous les besoins. La rade sous l'abri du cap Bouac était sans intérêt pour de petits bâtiments naviguant à la voile et à la rame, et pouvant se haler à terre. Elle offre aujourd'hui à nos escadres un mouillage vaste et sûr, où elles peuvent séjourner en hiver, sans appréhensions de la mer et des vents.

La ville de Bougie n'est, en ce moment, qu'un amas de ruines; mais sa prospérité continue pendant une longue série de siècles, sous tous les peuples qui ont successivement dominé en Algérie, témoigne en faveur de l'emplacement qu'elle occupe. Cet emplacement a, en effet, une très-grande valeur.

Sous le rapport nautique, il offre un grand port de refuge naturel, admirablement disposé pour être amélioré par l'art. Il surveille les passages entre les Baléares, la

Sardaigne, la Sicile et l'Afrique ; il se trouve plus rapproché qu'Alger et Mers-el-Kébir de Toulon et de la Corse.

Sous le rapport commercial, il est placé au cœur de la grande Kabylie, au débouché à la mer des vastes et riches bassins d'Aumale et de Sétif, sur la grande voie naturelle entre l'Europe et l'intérieur de l'Afrique.

Sous le rapport militaire, il offre tous les éléments naturels d'une place imprenable et d'un port de guerre de premier ordre.

Si la France, s'assimilant l'Algérie, asseoit définitivement sa puissance sur les deux rives de la Méditerranée, un jour viendra où l'on sentira la nécessité d'avoir sur la côte d'Afrique un grand établissement naval, offrant à la flotte l'étendue et la sûreté de mouillage, les moyens de ravitaillement et de réparation qu'elle trouve dans les ports de guerre de la métropole. C'est en vain que l'on tenterait de fonder cet établissement à Alger, et de perpétuer ainsi, en dépit de la nature, le commandement militaire de ce port sur le littoral algérien. Les nombreux défauts du projet de port avec rade couverte, proposé en 1847 (*pl. 9*), indiquent assez que tous les efforts que l'on pourra faire dans ce but viendront échouer devant une impossibilité matérielle.

Après vingt ans de travaux, après avoir dépensé 25 millions, on a obtenu à Alger un abri pour une flotte ; la baie de Bougie offre naturellement cet abri. Elle présente, à l'entrée d'un golfe douze fois plus vaste que la baie d'Alger, un emplacement admirablement disposé pour un grand établissement naval : étendue et sûreté du mouillage, bonne qualité du fond, hauteurs d'eau favorables pour la fondation des jetées, bas prix des matériaux nécessaires à leur construction, valeur offensive et défensive de la position, proximité des forêts des Beni-Foughal et des mines de fer de la Kabylie, qui offriraient de précieuses ressources à l'arsenal; toutes les conditions s'y rencontrent.

Sous la domination française, Bougie tend donc à devenir un grand port marchand et un port militaire de premier ordre. Le projet d'établissement définitif tracé sur le plan est basé sur cette double tendance; il comprend :

1° Une belle rade de 900 hectares, accessible aux vaisseaux sur la moitié de son étendue, parfaitement abritée des vents et de la mer, fermée aux attaques de l'ennemi, facile à prendre et à quitter en toute circonstance pour une armée navale ;

2° Une darse militaire de 15 hectares de superficie, dans l'anse de Sydy-Yaïa, enveloppée par de vastes terres-pleins sur lesquels serait établi l'arsenal;

3° Une darse marchande de 15 hectares de superficie, située au S. E. de la ville, à l'entrée de la plaine où viendront aboutir toutes les routes vers l'intérieur du pays.

Cet établissement maritime, comparable, par ses proportions et ses qualités nautiques, aux ports militaires de France, serait un digne pendant de celui de Toulon. La nature en a fait les premiers frais, en couvrant la rade au N.; elle en a facilité l'achèvement en offrant des profondeurs d'eau médiocres pour la fondation des digues et en plaçant la pierre, le sable et la chaux à pied d'œuvre.

Il coûterait 47 millions de moins que celui que le projet n° 3, présenté en 1847, tend à créer à Alger, et lui serait infiniment supérieur. Ses avantages nautiques et militaires ressortent si évidemment de la simple comparaison des deux plans (*pl.* 9 et 11), qu'il est inutile de les indiquer ; ses avantages matériels ressortent du tableau suivant, où les deux projets sont mis en regard de l'établissement maritime de Cherbourg.

TABLEAU COMPARATIF

Des établissements maritimes faits ou projetés à Cherbourg, à Alger et à Bougie.

NOM DU PORT.	ÉTENDUE DE LA RADE		ÉTENDUE DU PORT		DÉVELOPPEMENT des quais du port		ÉTENDUE de l'arsenal.	DÉPENSE FAITE OU A FAIRE POUR				DÉPENSE TOTALE.
	Totale.	bien abritée.	militaire.	marchand	militaire.	marchand		la rade.	le port.	l'arsenal.	les défenses maritimes.	
	hect.	hect.	hect.	hect.	mètres.	mètres.	hect.	fr.	fr.	fr.	fr.	fr.
CHERBOURG........	900	600	20	11	2,100	1,700	67	80,000,000	61,000,000	29,000,000	18,000,000	188,000,000
ALGER (projet n° 3)....	600	200	45	48	750	1,000	10	40,000,000	31,000,000	10,000,000	3,000,000	84,000,000
BOUGIE.............	900	700	15	15	2,000	1,800	25	17,000,000	7,000,000	10,000,000	3,000,000	37,000,000

La question des établissements de la marine en Algérie semble aujourd'hui restreinte à la question du port d'Alger, comme naguère encore la question de la colonisation était limitée à l'exploitation agricole de la plaine de la Mitidja; mais, en travaux publics comme en colonisation, des vues d'ensemble, basées sur les intérêts généraux de l'Algérie, remplaceront bientôt les préoccupations par trop exclusives dont les intérêts particuliers d'Alger ont été jusqu'ici l'objet.

Sous l'empire des idées exagérées de centralisation qui ont d'abord dominé, on a admis, comme une chose hors de toute discussion, que c'était à Alger et non ailleurs qu'il fallait fonder le grand établissement naval destiné à commander à tout jamais la côte d'Algérie; *on a décidé, en principe, que la capitale actuelle de nos possessions dans le N. de l'Afrique devait être un port militaire de premier ordre, sans s'être demandé si elle pouvait le devenir;* on a oublié que, pour tous les établissements analogues, le choix de l'emplacement a été commandé par les convenances nautiques : Toulon n'est qu'un chef-lieu d'arrondissement; Brest n'est qu'un chef-lieu de canton; Cherbourg n'était qu'un village lorsque son port a été créé.

Les avantages matériels de l'emplacement de Bougie sur celui d'Alger sont si grands, qu'il faudrait de graves motifs politiques pour faire préférer Alger; on n'invoque en sa faveur qu'un titre de capitale, qu'elle aura perdu avant qu'un port militaire de premier ordre en Algérie soit devenu nécessaire, avant, du moins, qu'il ait pu être créé. Ce rôle de capitale, essentiellement provisoire, ne suffit pas assurément pour qu'on se résigne aux immenses sacrifices réclamés pour créer une rade à Alger, en vue d'un résultat que, finalement, on n'atteindra pas. Jamais, quoi qu'on fasse, Alger ne sera un lieu de station commode et un point habituel de réunion pour la flotte.

L'établissement à Alger d'un port militaire comparable à celui de Cherbourg étant une œuvre au-dessus des forces humaines, Bougie, seul point de la côte d'Algérie qui se prête à une semblable entreprise, deviendra tôt ou tard le centre de nos forces navales dans le N. de l'Afrique. Dès lors, tout en créant à Alger le port de refuge, d'agression et de réparation, indispensable à notre époque, on devrait s'occuper de jeter à Bougie les fondements du grand établissement maritime destiné à commander à tout jamais la côte d'Algérie, comme Toulon commande la côte méridionale de France.

AMÉLIORATIONS IMMÉDIATES.

Le projet d'établissement définitif que nous venons d'esquisser pour Bougie n'a, pour le moment, aucun caractère d'urgence. Sa réalisation ne saurait être immédiate ni même prochaine; avant de songer à développer les propriétés naturelles de cette belle position maritime, il faut les utiliser. On devra, dans ce but :

1° Assurer la ville contre une attaque tentée au moyen de troupes de débarquement;

2° Protéger la rade par un système de batteries de côte, et la doter d'une aiguade, d'un débarcadère commode, d'un parc à charbon et de vastes magasins de ravitaillement.

Ces premiers travaux, dont la dépense s'élèverait à 4 millions, transformeraient le mouillage de Bougie en un bon port de ravitaillement, de refuge et d'agression, qui couvrirait la province de Constantine, et serait un point d'appui très-précieux pour les opérations de notre flotte dans la Méditerranée.

La haute importance nautique et militaire de Bougie, son isolement de nos autres possessions d'Algérie, les facilités que présente la baie pour un débarquement de troupes, désigneraient cette place aux premières attaques. Dans le cas d'une guerre maritime, la prise de ce port par les Anglais serait aussi funeste à notre marine et à l'Algérie que l'occupation de Mahon ; une fois maître de la place, l'ennemi, accueilli par les Kabyles, adossé à des montagnes inaccessibles, s'y fortifierait à loisir sous la protection de ses vaisseaux ; sa flotte, désormais appuyée sur Malte, Bougie et Gibraltar, commanderait sur la côte d'Algérie et empêcherait le ravitaillement de l'armée d'occupation.

L'avenir de nos possessions dans le Nord de l'Afrique et de notre puissance navale dans la Méditerranée est donc attaché à la conservation de Bougie ; les travaux maritimes que comporte cette grande position commerciale et militaire peuvent et doivent être ajournés, mais de très-grands et très-pressants intérêts réclament la fortification continentale et maritime de la place, et commandent de doter immédiatement la rade d'une aiguade, d'un parc à charbon et de vastes magasins de ravitaillement.

DJIDJELLI.

(*Pl.* 12.)

La ville de Djidjelli est établie sur une presqu'île rocailleuse entre deux criques bordées par des plages de sable. La crique de l'Ouest est très-petite et offre à peine 1ᵐ 50 de hauteur d'eau ; son entrée obstruée par des roches fait face au N. O., direction habituelle des tempêtes ; elle est donc sans intérêt pour la navigation ; mais sa plage peut être et a déjà été utilisée comme cale de construction pour des bateaux. La crique de l'Est qui forme le port de Djidjelli est vaste et profonde ; elle est abritée des vents d'O. par la ville et protégée contre la mer du Nord par une ligne de récifs de 900 mètres de longueur, courant, E. et O., de la pointe de la presqu'île à l'îlot du phare. Son entrée, comprise entre cet îlot et le fort Duquesne, a 1,000 mètres de largeur et fait face au S. E. Son enceinte vers le S. O. est formée par une grande plage, en avant de laquelle s'étend une zone de petits fonds qui rétrécit beaucoup la partie navigable du port et rend les débarquements difficiles.

Le port de Djidjelli ressemble à celui de Tripoli, mais il est plus petit et moins sûr. Des brumes fréquentes rendent ses abords dangereux ; l'obligation de contourner le phare à grande distance pour éviter les récifs qui s'étendent à 300 mètres dans l'E. N. E. rend son entrée difficile pendant la nuit ou par un gros temps de N. O. On y mouille par 10 à 15 mètres d'eau dans le S. O. du phare, de manière à fermer l'extrémité Est des récifs par le

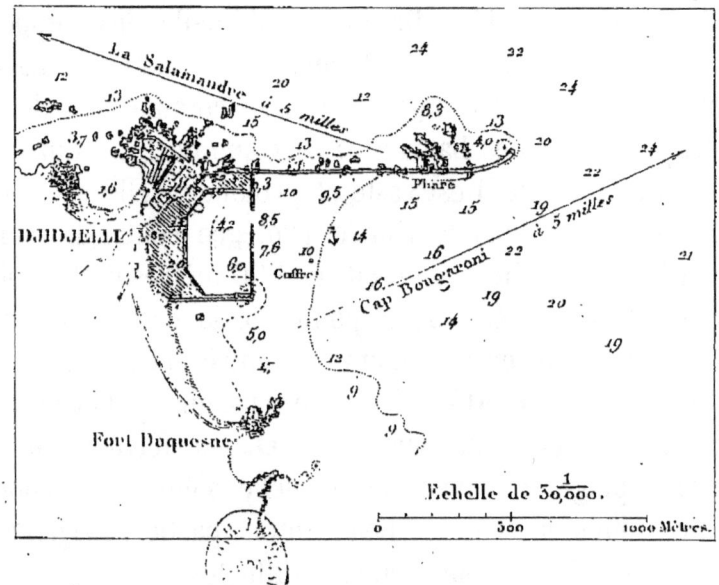

cap Bougaroni. Ce mouillage, entièrement ouvert aux vents, depuis le N. O. jusqu'à l'E., n'est qu'imparfaitement garanti de la grosse mer de N. O., N. et N. E. qui passe à travers les vides des roches. Il n'offre aucune sécurité et n'est guère praticable qu'en été. Le fond, de sable et de gravier, est d'une très-faible tenue et l'appareillage est impossible par les grands vents du large ; un navire qui se laisserait surprendre à cet ancrage par une tempête d'hiver serait perdu.

Djidjelli, occupé dès 1839, était resté pendant douze ans un simple poste militaire étroitement bloqué par les Kabyles. La soumission du pays et les routes stratégiques ouvertes par l'armée, à la suite de l'expédition des Babor, en ont fait un marché maritime assez important. L'eau y abonde et le desséchement des marais voisins l'assainira. Il est séparé de Sétif par de hautes chaînes de montagnes et ne pourra être relié aux plaines de l'intérieur que par la voie lointaine de Mila ; il n'a donc pas d'avenir comme port de transit ; comme port d'exportation, il dessert un marché agricole riche, mais peu étendu vers l'Ouest. La forêt des Beni-Foughal, bien que placée sur son territoire, s'exploitera principalement par le port de Mansouriah, situé dans la baie de Bougie. La proximité du port de Bougie lui enlève toute importance militaire et paraît devoir restreindre son commerce aux ressources de son propre territoire et au transit de Mila et de la vallée de l'Oued-el-Kébir. Sans ce voisignage, la crique de Djidjelli, qui offre des dispositions assez favorables pour la création d'un grand port, aurait pu devenir l'une des principales positions maritimes de la côte d'Algérie ; elle ne sera probablement qu'un port très-secondaire ; succursale de Bougie en temps de paix, lieu de station pour des corsaires en temps de guerre.

Pour transformer la crique de Djidjelli en un port fermé, il faudrait la couvrir du côté de l'E. par des digues offrant un assez grand développement et fondées par des hauteurs d'eau de 12, 16 et 18 mètres. La dépense considérable qu'exigerait une semblable entreprise est hors de proportion avec l'importance de la position et ne saurait être justifiée. Il serait beaucoup moins cher et mieux d'améliorer le mouillage, en couronnant par un môle continu la ligne des récifs, et de le compléter par une darse créée de toutes pièces devant la ville. La darse dont le fond rocheux et inégal serait régularisé et approfondi jusqu'à $4^m 50$ offrirait aux bâtiments au-dessous de 400 tonneaux un réduit d'un accès facile et parfaitement abrité où ils séjourneraient bord à quai. L'avant-port, quoique tourmenté par la grosse houle du N. E., offrirait aux plus grands navires une station commode le long du môle et un quai de débarquement au pied de la ville. Le fond à ce mouillage acquerrait rapidement une bonne tenue, par suite des dépôts vaseux que les eaux troubles de la baie y formeraient. Cette transformation de la nature du fond, sous l'influence du calme relatif, créé par la jetée, rendrait le mouillage assez sûr pour qu'il fût superflu de le couvrir au N. E., en terminant le môle par un crochet de 300 mètres, dirigé au S. S. E., à travers des profondeurs considérables. Ce crochet serait un grand travail pour un bien petit résultat, car les navires d'un tirant d'eau supérieur à $4^m 50$ ne viendront à Djidjelli que par exception; et, comme ils sont généralement mieux armés que les petits navires et les caboteurs, ils pourront stationner en toute sécurité à l'abri du môle établi en couronnement de la ligne des récifs.

Ces considérations ont dicté les dispositions du projet indiqué sur le plan. Il comprend une darse de 8 hectares de superficie et de $4^m 50$ de hauteur d'eau, précédée d'un grand avant-port ou rade couverte. Il donne aux navires d'un tonnage moyen, qui sont en très-grande majorité sur le littoral algérien, toutes les commodités désirables, et offrirait, au besoin, un bon refuge à des bâtiments de guerre. Il satisferait largement et pour toujours aux besoins de la navigation et du commerce à Djidjelli, et a par conséquent le caractère d'un établissement définitif. Son exécution complète coûterait environ quatre millions ; mais une bonne moitié des travaux qu'il comprend peut et doit être ajournée. L'établissement d'un môle avec parapet de la pointe de la presqu'île à l'extrémité des roches, l'approfondissement de la darse, dont la région Est offrira naturellement des hauteurs d'eau de 4 mètres, n'a rien d'urgent. La fermeture des grandes brèches que présente la ligne des récifs, la construction de l'enceinte de la darse, l'établissement de quelques batteries pour protéger le port et la ville, que leur position avancée en mer expose aux insultes de l'ennemi, sont les seuls travaux d'une utilité pressante. Ces premières améliorations, qu'une dépense de 2 millions suffirait à réaliser, satisferaient pour longtemps à tous les besoins réels.

COLLO.

(Pl. 13.)

Le golfe de Philippeville, dont l'ouverture fait face au N., a 34 milles d'ouverture sur 13 milles de profondeur et se trouve divisé en deux grandes baies par la pointe Tarsah. La baie de Collo, à l'O. où débouche l'Oued-Guébli, est avancée en mer et s'ouvre au N. E. La baie de Stora, à l'E. où débouchent le Safsaf et l'Oued-Radjeta, est enfoncée dans les terres et s'ouvre au N. O. La grande houle du large, soulevée par les vents compris entre le N. O. et le N. E., s'engouffre dans ce golfe et bat le rivage sur tous les points; on ne peut s'y mettre à couvert de la grosse mer que derrière les caps qui le limitent à l'E. et à l'Ouest. Ces deux caps étant les pointes les plus Nord du rivage algérien sont très-difficiles à doubler par un vent contraire. Tout imparfaits qu'ils soient, le mouillage de Collo au S. E. du cap Bougaroni et le mouillage au S. O. du cap de Fer, sont dès lors de précieuses relâches pour la navigation côtière.

Le mouillage de Collo, situé dans la région N. O. de la baie du même nom, est adossé aux terres élevées du cap Bougaroni qui le couvrent parfaitement du côté de l'O. et repoussent les vents de la partie Est. Il est défendu de la houle du N. par la presqu'île Aldjerda et n'est bien tourmenté que par la grosse mer de la partie N. E.

Les grands navires jettent l'ancre par 25 mètres d'eau, sur un fond de sable vasard, de manière à relever la mosquée à l'O. N. O. et la pointe Aldjerda au N. N. E. Avec

PORT DE COLLO. Pl.13.

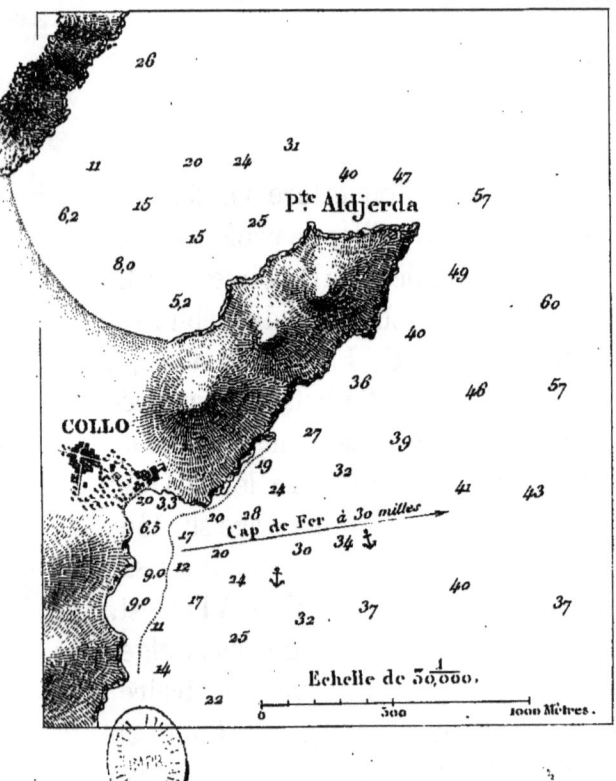

de longues touées, ils pourraient stationner à ce mouillage en toute saison ; car la tenue du fond y est bonne et la mer n'y est pas, à beaucoup près, aussi grosse qu'à Stora. Cette rade foraine, d'où l'on peut appareiller par tous les vents, paraît comparable, pour la sûreté, à celle du Fort-Génois ; elle est praticable pendant la plus grande partie de l'année ; à la rigueur, des navires de guerre pourraient y passer l'hiver. Un grand nombre de navires y viennent en relâche forcée et y séjournent parfois assez longtemps.

La compagnie d'Afrique a eu, de 1604 à 1685, un établissement à Collo pour le commerce intérieur et la pêche du corail. La ville, que nous n'avons pas encore occupée, est habitée par des Maures qui vivent du cabotage et possèdent une douzaine de petits bateaux. Ces bateaux, considérés comme étrangers, payent à Philippeville un droit de tonnage dont il conviendrait de les exempter. Toute entrave apportée au développement de la marine indigène est regrettable.

L'anse qui sert de port à Collo est abritée de tous les vents dangereux ; elle serait facile à accommoder aux besoins de la navigation et du commerce, car on pourrait la transformer à peu de frais en un petit bassin qui serait très-heureusement complété par la rade foraine ; elle présente une petite plage, commode pour le halage des bateaux et toujours abordable, en arrière de laquelle on remarque les vestiges d'un quai romain et un puits dont l'eau est excellente. Les petits navires peuvent s'y amarrer sur la rive Nord ; ils y sont en sûreté et y trouvent d'assez grandes facilités pour le débarquement des marchandises. Ce petit port a autour de lui un territoire fertile et bien cultivé ; il communique avec l'intérieur du pays par la vallée de l'Oued-Guébli. La route que les indigènes construisent dans cette vallée viendra se souder en avant d'El-Kantour à celle de Constantine ; elle n'aura que 10 kilomètres de plus que celle de Philippeville et sera tout aussi bonne.

Collo était naturellement appelé à devenir le port de Constantine, car sa supériorité nautique sur Philippeville eût largement compensé un allongement de parcours de 2 à 3 lieues. Mais la question entre ces deux positions rivales est désormais tranchée. La fortune acquise de Philippeville lui garantit le monopole du transit de Constantine, et ne laisse à Collo que l'exportation des produits de son propre territoire et de la vallée de l'Oued-Guébli. Le port de Collo suffisant tel quel à ce modeste avenir, il n'y aura probablement pas lieu de l'améliorer par des travaux à la mer.

La ville de Collo occupe derrière la presqu'île Aldjerda un très-bel emplacement, facile à protéger contre une attaque par mer. Son port placé auprès du cap le plus en saillie sur les côtes d'Algérie serait un poste excellent pour des corsaires ; son mouillage offre, au besoin, un lieu de station pour une escadre. Cette position maritime pourrait dès lors devenir, en temps de guerre, un centre d'agression pour nous ou contre nous. Son occupation importe donc à la sécurité de nos possessions d'Algérie.

Collo possède un petit port naturel, sûr et commode, complété par une assez bonne rade foraine ; ces ressources nautiques suffiront pour longtemps, sinon pour toujours, à son développement commercial. L'établissement d'un bout de quai et de quelques batteries protégeant le mouillage, dont la dépense pourrait s'élever à environ 150,000 fr., sont les seules améliorations que comportera cette position maritime, dès qu'on aura jugé convenable de l'occuper.

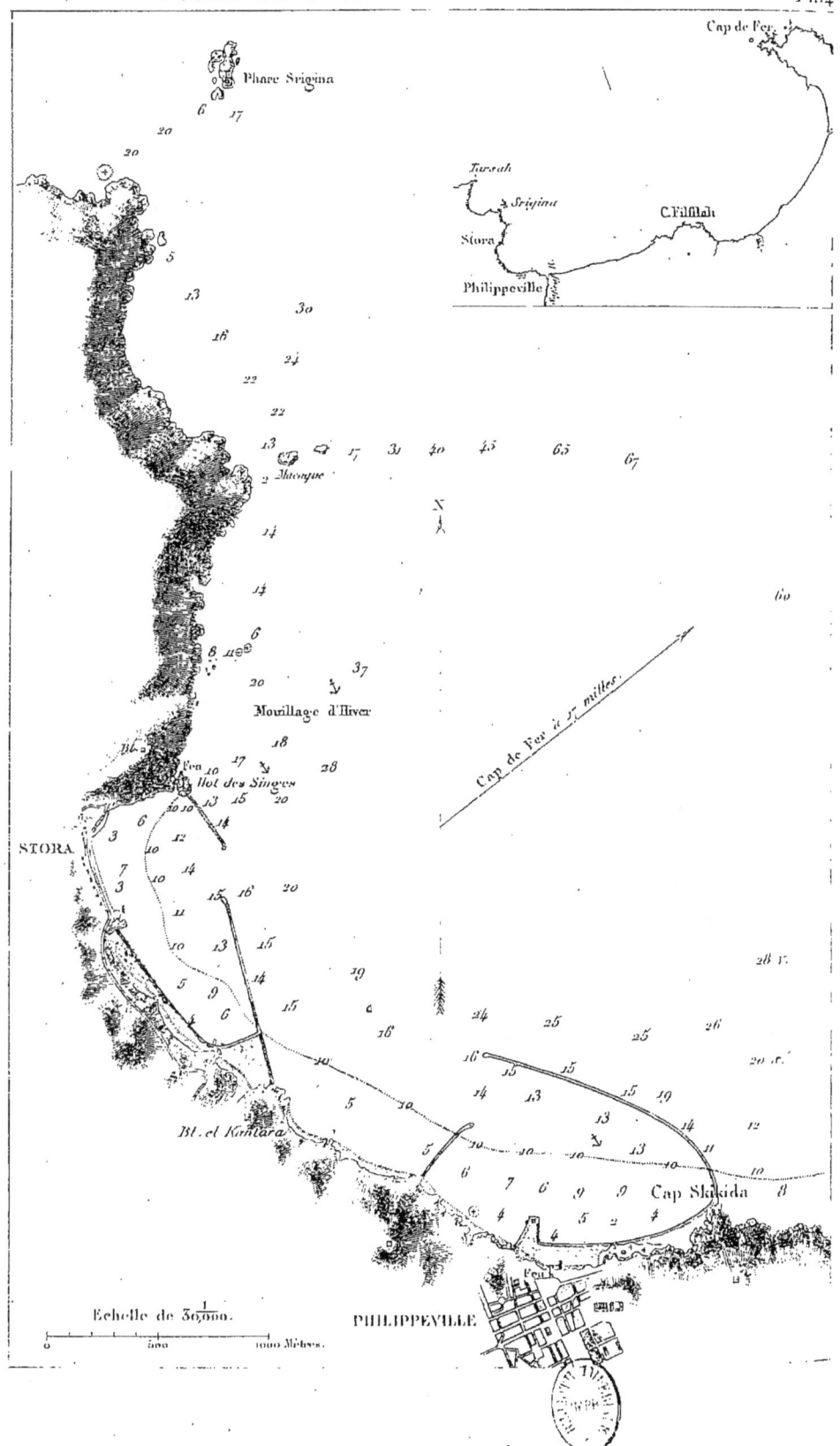

PHILIPPEVILLE ET STORA.

(*Pl.* 14.)

La baie de Stora, comprise entre la pointe Tarsah et le cap de Fer, a 17 milles d'ouverture sur 9 milles de profondeur et fait face au N. O. Les hautes terres qui l'entourent l'abritent des vents d'E., de S. et d'O., et repoussent les vents du large. Bien que la baie leur soit entièrement ouverte, les vents impétueux de N. O. et de N. E. pénètrent rarement jusqu'au fond ; mais la grosse houle qu'ils soulèvent y entre en plein ; elle s'infléchit à mesure qu'elle s'y enfonce et bat tous les points du rivage en contournant les petites saillies qu'il présente. Cette houle, longue et forte, dont la dérive puissante drosse les navires à la côte, se raccourcit et s'exhausse en se propageant entre les rives escarpées qui la resserrent de plus en plus et acquiert, au fond de la baie, une levée et une violence irrésistibles ; elle y déferle à partir des fonds de 10 à 12 mètres et enveloppe ainsi le rivage de Philippeville à Stora d'un vaste brisant qui s'étend à 400 mètres au large.

Cette baie n'est atterrie que par les érosions de ses rives Est et Ouest et par les alluvions charriées par les deux rivières qui y débouchent. Les vases, ne trouvant aucun abri près de terre, vont se perdre dans les grands fonds du large ; les sables, maintenus à la côte, s'accumulent sur la rive Sud ; ils y ont formé à la longue vers l'E., les vastes plages et les dunes du Safsaf et du Radjeta, et vers l'O., la série de petites plages qui recouvrent çà et là le pied des falaises entre Philippeville et Stora. Ces deux régions sont, sous le rapport des atterrissements, isolées l'une de l'autre par le cap Skikida que les sables du Safsaf ne peuvent pas doubler. La région Ouest se corrode plutôt qu'elle ne s'atterrit ; les détritus sableux des falaises schisteuses qui la bordent sont maintenus dans les anfractuosités du rivage où ils se sont amassés ; leur petite quantité prouve que la côte est sensiblement immuable ; on n'a donc pas à craindre qu'un grand port créé soit à Philippeville soit à Stora puisse être ensablé.

Philippeville, placée absolument au fond du golfe qui porte son nom, est dans les conditions de proximité les plus favorables pour être l'entrepôt du commerce de Constantine; mais la position de cette ville, sur une falaise sans sinuosités, que la houle de N. bat en plein, et dont les abords jusqu'à 450 mètres au large offrent un fond rocheux et inégal, est, sous le rapport nautique, on ne peut plus mauvaise. La plage n'est praticable que par une mer tout à fait calme; lors des tempêtes d'hiver, les lames y déferlent avec tant de furie, qu'elles couvrent le tablier du débarcadère, placé à $4^m 50$ au-dessus du niveau des eaux ; le mouillage devant la ville, à la limite de la zone des brisants, sur un fond de sable et gravier parsemé de roches, est on ne peut plus dangereux ; par les vents du large, la mer y est affreuse et l'appareillage impossible. Les bâtiments ne doivent s'y avanturer qu'en été et par un très-beau temps. En général, ils vont jeter l'ancre dans la petite anse de Stora, située à 2,500 mètres dans le N. O., et expédient de là leurs marchandises à Philippeville, soit par des chalands, soit par terre, lorsque l'état de la mer interdit ce batelage.

L'anse de Stora a, comme le mouillage de Philippeville, l'inconvénient d'être placée au fond d'un golfe d'où l'on ne peut pas sortir par les vents du large. Elle est formée par un rentrant de la côte de 400 mètres, et présente vers le S. O. une très-belle plage propre au débarquement des marchandises et au halage des bateaux. Elle est couverte des vents de N. O. par le promontoire Tarsah, qui sépare la baie de Stora de celle de Collo, et protégée des aires de vent au-dessous du N. E. par les terre du cap de Fer ; elle n'offre un bon abri contre la mer que par les vents d'O. et de S. O. ; elle est bordée par des montagnes escarpées ; la place y manque pour la construction des magasins nécessaires au trafic maritime.

La houle du N., que les vents du large, depuis le N. O. jusqu'au N. E., poussent dans le golfe, s'infléchit en approchant du rivage, de manière à battre en côte, et s'engouffre dans la petite anse de Stora. Elle y forme, à partir des profondeurs de 12 mètres, un vaste brisant, à la furie duquel il est impossible à un navire de résister. En hiver, les bâtiments jettent l'ancre en dehors de l'anse par 16 à 18 mètres d'eau, sur un fond de sable vasard d'une excellente tenue ; mais ce mouillage extérieur, battu en plein par la grosse mer, est lui-même fort dangereux, et n'a qu'une valeur relative ; il n'est, à bien dire, qu'un mouillage de nécessité, comme on en trouve partout où la tenue du fond est bonne et la profondeur d'eau assez grande pour que les vagues ne brisent pas. Par les coups de vent de N. O., les navires évités au vent, qui tombe en violentes rafales de la falaise, sont battus en flanc par une grosse houle de N. E.; ils roulent et fatiguent beaucoup, mais ils tiennent. Par les tempêtes du N. et du N. E., la rencontre de la houle directe et de la houle réfléchie par la rive Est de la baie produit, à Stora, des ras de marée irrésistibles ; les ancres tiennent, mais les navires cassent leurs chaînes ou sombrent sur leurs amarres.

L'anse de Stora ne mérite donc à aucun titre le nom de port qu'on lui a octroyé ; elle n'offre en réalité qu'une plage commode pour le halage des bateaux et un abri par le vent d'O. franc; le mouillage extérieur est des plus dangereux; l'appareillage y est impossible par les vents du large, et un navire qui s'y trouve surpris par une tempête de la partie Nord y est en perdition. De nombreux sinistres n'ont que trop douloureusement prouvé les imperfections de ce mouillage; on ne peut parler de ses avantages que relativement et par comparaison avec celui de Philippeville, qui n'offre pas même une bonne tenue et est de tout point détestable.

Les inconvénients attachés à un marché maritime situé au fond d'un golfe dangereux, loin du mouillage qui sert d'annexe à la ville, classent Philippeville au rang des plus mauvais ports de la côte d'Algérie. Des nécessités commerciales impérieuses luttent aujourd'hui sur ce point contre les conditions nautiques les plus fâcheuses que l'on puisse imaginer : si les navires à destination de Philippeville trouvent aux atterrages de la côte d'Afrique une mer houleuse, ils n'osent pas s'aventurer au fond d'un golfe qui ne leur offre aucun abri contre la tempête, et d'où ils ne pourront plus sortir dès qu'ils s'y seront engagés; ils préfèrent tenir la mer et aller chercher un refuge, soit à Bougie, soit au Fort-Génois.

L'opération du déchargement et du chargement en rade, à une demi-lieue de la ville, déjà fort longue en elle-même, est assujettie en hiver à des interruptions incessantes qui en quadruplent la durée. Dans la mauvaise saison, les navires s'accumulent ainsi à Stora; de là ces naufrages en masse qui ont donné à ce mouillage une si triste célébrité.

Les dangers du séjour à Stora, les difficultés et les lenteurs du débarquement, les avaries des marchandises dont les assurances ne répondent qu'au delà de 12 p. 0/0, les relâches fréquentes sur des points éloignés, grèvent le commerce de Philippeville de faux frais considérables qu'on ne peut évaluer à moins de 1,500,000 fr. par année. La perte occasionnée par la tempête du 31 décembre 1854 qui a jeté à la côte 22 navires, sur 29 mouillés à Stora, atteignait à elle seule ce chiffre.

PROPRIÉTÉS COMMERCIALES.

Dès que l'on a senti le besoin d'avoir entre Constantine et la mer une voie plus directe que celle de Bône, Philippeville s'est élevée, comme par enchantement, sur les ruines de l'antique *Rusicada*. Sous l'influence d'un commerce de transit considérable qui s'établit immédiatement sur ce point, la nouvelle cité grandit rapidement. En 1840, trois ans après sa création, elle avait déjà acquis une importance comparable à celle de Bône.

L'hostilité des Kabyles qui a donné et maintenu jusqu'à ce jour à Philippeville le monopole du transit de la province de Constantine a fait sa fortune ; mais ce monopole accidentel tend à cesser avec les circonstances politiques qui l'avaient produit. L'ouverture des routes de Bougie à Sétif, de Djidjelli à Mila, de Collo à Constantine, de Bône à Constantine et à Tébessa, viendra bientôt resserrer le vaste cercle commercial que le marché de Philippeville a d'abord embrassé, et restreindre le mouvement d'affaires dans cette ville aux ressources agricoles de son territoire et au transit de Constantine, de Batna et des Oasis. Bougie lui disputera le transit du Sahara oriental et de l'intérieur de l'Afrique, tandis que Bône, Collo et Djidjelli attireront à eux une partie du commerce de la région Nord de la province de Constantine (*pl.* 2).

Le mouvement de la navigation du port de Philippeville ne saurait donc suivre désormais une progression aussi rapide que par le passé. Toutefois, ce mouvement doit grandir encore; l'impulsion que l'accroissement de la production et des besoins de la province de Constantine tendent à lui donner compensera très-largement les pertes que le développement progressif des ports voisins lui fera éprouver; l'exploitation prochaine des minerais et des marbres du cap Filfilah fournira à son commerce un nouvel aliment de fret. La concurrence éventuelle de Collo, la seule qui aurait pu devenir redoutable, est désormais fort problématique; elle ne pouvait naître que sous l'empire d'une situation nautique qui semblait interdire à Philippeville tout commerce maritime ; elle n'aura plus aucune chance de s'établir dès qu'un port aura été créé dans la baie de Stora.

PROJET D'ÉTABLISSEMENT.

La ville de *Rusicada* était dans les temps anciens l'entrepôt du commerce de *Cirta* (Constantine); mais le véritable port de transit était à *Stora*. Ces deux positions, étroitement liées entre elles, se complétaient l'une par l'autre et formaient un seul et même établissement maritime. De vastes citernes, dont l'eau était amenée jusque sur la plage, et les vestiges de quais que l'on trouve encore à Stora, constatent en effet que cette anse fut l'objet de travaux importants propres à y faciliter les mouvements du commerce et de la navigation.

Mais les Romains, avec leurs petites galères qu'ils avaient l'habitude de haler à terre, étaient loin de demander à leurs ports les qualités que l'on exige aujourd'hui. L'anse de Stora, dotée d'une aiguade et d'un quai, et offrant d'ailleurs naturellement une belle plage abritée du vent et de la houle, où des bateaux pouvaient se haler, pour attendre que la plage de Philippeville fût abordable, était pour eux un excellent port. Elle n'offre à nos grands bâtiments qu'un mouillage très-dangereux et ne satisfait à aucun des besoins de la marine au dix-neuvième siècle.

Dès que Philippeville a été créée, la nécessité d'un port s'est aussitôt présentée ; mais la nature des lieux est telle qu'on ne peut le créer dans de bonnes conditions, soit à Philippeville, soit à Stora, sans une dépense très-considérable. La commission nautique de 1844 avait essayé de tourner la difficulté en proposant de couvrir l'anse de Stora par une jetée de 300 mètres, pour assurer le mouillage, et d'établir en avant de Philippeville un débarcadère de 50 mètres, pour faciliter le débarquement et l'embarquement des marchandises. Ce plan de travaux n'était qu'un expédient pour améliorer à peu de frais une situation nautique intolérable ; il ne tendait qu'à restituer à la position les qualités qu'elle avait eues pour la marine antique, et n'offrait au commerce maritime aucune des sûretés et des facilités qu'il trouve dans les ports modernes. Il améliorait la situation actuelle de Philippeville jusqu'à la rendre comparable à celle d'Oran, de Mostaganem et de Bône, où un batelage pénible et intermittent entre la rade et le débarcadère grève le commerce de faux frais considérables. Cette amélioration est évidemment insuffisante aujourd'hui. L'importance acquise par le marché de Philippeville, son avenir comme tête de la principale artère du réseau des chemins de fer algériens, exige et justifie la création, sur ce point, d'un établissement maritime offrant par tous les temps un refuge assuré et les moyens de débarquer bord à quai.

On avait eu l'idée de satisfaire isolément à ces deux conditions en couvrant l'anse de Stora par une jetée de 300 mètres, et créant de toutes pièces devant la ville une petite darse. Cette combinaison, que la nature semble avoir indiquée en marquant à Stora la place du port de refuge et à Philippeville le point de débarquement, n'est pas réalisable. Toute darse dont l'entrée serait placée dans la zone des brisants et des sables mouvants ne serait accessible que par un beau temps et ne pourrait être maintenue que par des dragages. Il y a donc nécessité de créer soit à Philippeville, soit à Stora, un port unique servant à la fois de rade et de darse. Ces deux emplacements se recommandent à des titres si divers qu'il est difficile au premier abord de choisir entre eux; il nous a paru dès lors utile, pour motiver ce choix, de formuler un projet de port pour chacun d'eux.

Le port de Stora, tracé en bleu sur le plan, est couvert du côté de l'E. par deux jetées de 1,200 mètres de longueur; il s'ouvre sur des fonds de 15 mètres par une passe de 200 mètres qui fait face à l'Est. Il a 50 hectares de superficie et présente sur un fond excellent des hauteurs d'eau variables depuis 13 jusqu'à 5 mètres. Il offre, dans sa région Sud, 800 mètres de quais de rive, dont les terrespleins gagnés sur la mer pourront s'étendre dans le ravin d'El-Kantara. Il serait relié à Philippeville par une route longeant le rivage, et à la gare du chemin de fer par un tunnel traversant la montagne en ligne courbe pour aboutir au S. de la ville. Les chances d'atterrissement sont nulles; l'abri des vents est complet et l'abri de la mer suffisant. L'avant-port sera parfois bien tourmenté par la houle directe, et par la réflexion des grandes ondes du large sur la rive Est de la baie, mais l'arrière-port sera assez calme pour que les navires y stationnent bord à quai. Les bâtiments à voiles entreront dans le port en tout temps, sans autre précaution que de prendre garde aux rafales de N. O.; ils n'y seront retenus que par les coups de vent de N. et de N. E. qui les empêcheraient de s'élever en mer ; les mouvements d'entrée et de sortie s'effectueront en général avec facilité, ils seront parfois contrariés en été par les calmes et les folles brises. Ce port a donc toutes les qualités nautiques désirables. Son unique défaut est d'être éloigné de la ville et d'être adossé à des montagnes qui l'isolent de l'intérieur du pays.

Le port de Philippeville, tracé en rouge sur le plan, est formé par un môle de 1,300 mètres, enraciné sur le cap Skikida et courant à l'O. N. O. à 700 mètres du rivage. Il s'ouvre à l'O. N. O. et présente sur une superficie d'environ 60 hectares, des profondeurs variables depuis 14 jusqu'à 4 mètres. Il est bordé au S. E. par un quai de 1,000 mètres, dont les terres-pleins gagnés sur la mer seraient reliés à la ville par une double rampe et à la gare du chemin de fer par une voie souterraine pratiquée sous la grande rue. Il est parfaitement couvert de la grosse houle du large, qui vient du N. N. E. quel que soit le vent, et des ondes réfléchies par la rive Est de la baie. Il se trouve garanti du ressac et des atterrissements par la jetée normale au rivage qui le ferme à l'Ouest. Il est protégé des vents par sa position au fond d'un golfe bordé par de hautes terres et par le parapet du môle. L'abri est donc complet contre la mer et suffisant contre le vent. Par un gros temps les navires à voiles viendraient vent arrière au grand largue ranger le musoir du môle placé à 400 mètres en dehors des brisants pour jeter l'ancre dans l'avant-port ou rade couverte; cette manœuvre serait sans doute délicate par une tempête de N. E., mais tout bâtiment bien armé l'exécuterait sans hésitation et sans risques. L'entrée du port serait praticable, quel que fût l'état de la mer, et l'appareillage ne deviendrait impossible que par les vents du large assez forts pour empêcher de sortir de la baie en louvoyant. En temps ordinaire et principalement en été l'arrivée et le départ seraient singulièrement facilités par la permanence des brises solaires qui sont plus régulières à Philippeville que sur tout autre point de la côte. Ce port offre donc toutes les qualités nautiques essentielles; mais les travaux qu'il exige ne peuvent être ni fractionnés ni amoindris. Si le môle était moins long, les navires ne pourraient pas toujours stationner bord à quai; s'il était plus rapproché du rivage, ils ne pourraient pas venir en tout temps mouiller dans l'avant-port.

L'exécution du projet bleu coûterait 10 millions pour le port, plus 4 millions pour ses communications avec la ville et la gare du chemin de fer; celle du projet rouge coûterait 12 millions pour le port, plus 2 millions pour la rampe et pour la voie souterraine, entre les quais et la gare. Le prix total des travaux est donc le même et s'élève de part et d'autre à 14 millions; mais le prix de revient est très-différent; la valeur des terres-pleins gagnés sur la mer en avant de Philippeville, qu'on ne peut estimer à moins de 5 millions, diminuerait en réalité de plus d'un tiers la dépense du projet rouge.

Cet exposé prouve qu'il est possible de créer soit à Philippeville, soit à Stora, un bon port de refuge et de commerce, et fait ressortir le mérite relatif des deux emplacements. Au point de vue nautique, les deux ports nous paraissent offrir des avantages et des inconvénients balancés; mais l'intérêt de la ville, les convenances du commerce, et une diminution d'un tiers sur le chiffre de la dépense militent trop fortement en faveur du port de Philippeville pour qu'on puisse hésiter à le préférer; son exécution est d'une urgence extrême; elle aurait pour résultat une économie annuelle de 1,500,000 francs sur les faux frais de toute nature qui pèsent aujourd'hui sur le commerce de Philippeville.

GOLFE DE BÔNE.

(*Pl.* 15.)

Le golfe de Bône, compris entre le cap de Garde et le cap Rosa, a 21 milles d'ouverture sur 7 milles de profondeur et fait face au N. 5° E. Il est bordé à l'O. par une haute falaise qui se rattache par des pentes abruptes à la montagne de l'Edough, au S. par des plages et des dunes à travers lesquelles débouchent la Seybouse et le Mafrag ; à l'E. par une côte basse et rocailleuse. La rive Ouest qui court N. N. E. et S. S. O., du cap de Garde à la ville de Bône, et dont les découpures profondes présentent successivement les anses du Fort-Génois, des Caroubiers et du Cassarin, est la seule qui offre quelques ressources à la navigation. Les mouillages dans ces trois anses sont masqués des vents de l'O. au N. par de hautes montagnes et protégés de la houle que ces vents soulèvent par la saillie du cap de Garde ; mais ils sont entièrement ouverts au vent et à la grosse mer depuis le N. jusqu'à l'Est. Par les coups de vent de cette partie, la houle longue et forte à l'entrée du golfe devient plus vive et plus dure à mesure qu'elle s'y engouffre. Elle n'est qu'incommode au Fort-Génois, dont le mouillage est plur sûr que celui de Collo, alors qu'elle est irrésistible au Cassarin, dont le mouillage est plus mauvais que celui de Stora. La rencontre des ondes directes et des ondes réfléchies par la rive Est du golfe produit dans l'espèce de cul-de-sac dont la ville de Bône occupe le fond de violents ras de marée, qui bouleversent la plage et remuent les sables par 8 à 10 mètres de hauteur d'eau.

La côte à l'O. du cap de Garde et à l'E. du cap Rosa se redressant un peu au N., les détritus sableux provenant de ses érosions peuvent être portés dans le golfe et tendent à l'atterrir. Le rivage à l'O., de Bône au cap de Fer, formé de roches dures et escarpées, n'est que peu ou point corrodé ; le rivage à l'E., du Mafrag à la frontière de Tunis, offre une alternance de tuf et de grès très-friables, dont la désagrégation a produit ces masses de sables qui, sous la forme de plages et de dunes, remplissent les anfractuosités de la côte et bordent au S. le golfe de Bône. Le Mafrag et la Seybouse qui débouchent au fond du golfe n'ont contribué que pour une bien faible part à l'atterrissement de ses rives, car ces rivières, coulant à pentes douces à travers des terrains argileux, ne charrient guère à la mer que de la vase.

Quelle que soit au reste leur origine, les sables mouvants qui existent aux abords de la plage sont bouleversés dans les tempêtes et portés par les vagues vers l'E. ou vers l'O., selon le vent. Ces mouvements alternatifs ne se compensent pas ; la déviation progressive des embouchures du Mafrag et de la Seybouse vers l'O., leur encombrement à la suite des coups de vent de N. E. accusent un mouvement général vers l'O. ; les sables arrivent ainsi de l'E. dans l'espèce d'impasse formée devant Bône, par la rencontre à angle droit de la plage et de la falaise ; ils en sont chassés par la violence du ressac, qui les agite et les déplace jusqu'à ce que les courants les aient entraînés au large. L'anse Cigogne s'encombre et se creuse ainsi tour à tour ; son atterrissement n'est ni permanent ni progressif, puisqu'elle n'a pas disparu depuis l'époque romaine ; le moment où, après l'avoir comblée, les sables envahiront l'anse du Cassarin est trop éloigné pour qu'il y ait lieu de se préoccuper de cette éventualité.

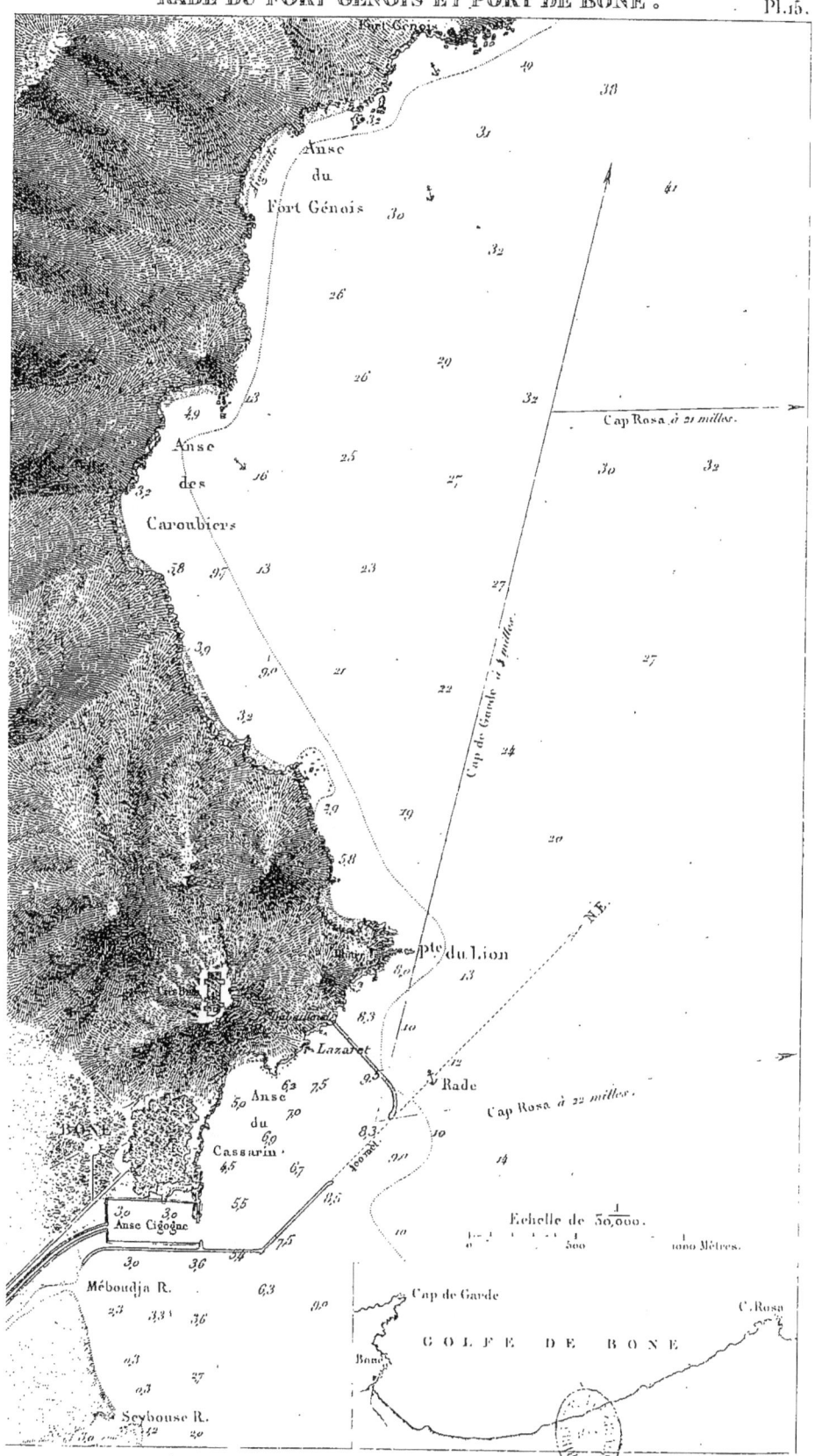

LE FORT-GÉNOIS.

PROPRIÉTÉS NAUTIQUES.

Le mouillage du Fort-Génois est couvert à l'O. et au N. par les montagnes du cap de Garde, et n'est exposé de ce côté qu'à de fortes rafales; il est défendu des rumbs au-dessous de l'E. par la proximité du cap Rosa. Les vents de la partie N. E., repoussés par les hautes terres qui rattachent le cap de Garde à la montagne de l'Edough, n'y entrent pas habituellement, mais ils y soulèvent une très-forte houle.

Les grands bâtiments mouillent en dedans de la pointe du fort, par des profondeurs variables depuis 12 jusqu'à 30 mètres, sur un fond de vase mêlée de sable d'une excellente tenue. En ayant soin d'empenneler leurs ancres, ils peuvent y résister aux plus violentes tempêtes d'hiver. La houle s'y propage avec régularité et lenteur, comme en pleine mer; et, si la touée est assez longue pour que le navire ait le temps de se lever à la lame, les chaînes et les ancres ne fatiguent pas.

Les petits navires mouillent plus près de terre dans la région Nord de l'anse; ils ne sont en sûreté, lors des coups de vent de N. E., qu'en ayant la précaution de s'amarrer à quatre dans la petite crique située sous le Fort-Génois.

Cette rade foraine, placée à l'entrée du golfe, est facile à prendre et à quitter par tous les temps; elle possède une assez bonne aiguade et deux petites plages de débarquement, situées dans le fond des anses du Fort-Génois et des

Caroubiers. Elle offre à la navigation côtière une très-bonne relâche, et aux navires à destination de Bône un premier mouillage où ils attendent un temps favorable pour aller au Cassarin débarquer leur cargaison, plus promptement et à moins de frais. Elle n'est pas susceptible d'être recouverte par des jetées et se trouve adossée à des montagnes qui l'isolent de la plaine. Son caractère est donc purement militaire. Elle est assez vaste pour le mouillage d'une flotte, mais elle est battue en plein par la grosse mer du N. E., direction des plus violentes tempêtes dans le golfe de Bône, et n'offre dans l'état actuel aucune protection contre l'ennemi.

PROPRIÉTÉS MILITAIRES.

Par sa position géographique, la rade du Fort-Génois couvre la frontière de Tunis et surveille les abords du canal de Malte, l'un des trois nœuds stratégiques de la Méditerranée. Sous les rapports offensif et défensif, elle occupe à l'E. de l'Algérie une position analogue à celle que Mers-el-Kébir occupe à l'O. (*pl.* 1); mais les imperfections de son mouillage et la proximité de la belle rade de Bougie lui assignent un rôle plus modeste.

Son importance, au point de vue politique, est d'ailleurs beaucoup moindre que celle de Mers-el-Kébir qui couvre une frontière sans cesse menacée. Ce n'est pas du côté de l'E. que peuvent nous venir en Algérie des dangers capables de compromettre la sécurité de nos possessions. La soumission en quelque sorte cordiale des populations de la province de Constantine assure cette partie de nos possessions d'Afrique contre les attaques des nations européennes; la frontière est d'ailleurs gardée par un pays ami, dont l'alliance avec nous est basée sur des intérêts réciproques et paraît, par conséquent, devoir être indissoluble. Le bey de Tunis n'existe comme souverain indépendant que par notre appui ; sa fortune est désormais liée à celle de l'Algérie française ; dans le cas d'une guerre maritime, nos ennemis seraient aussi les siens. Il est donc probable que notre flotte trouverait appui et protection sur la rade de Tunis ; elle y stationnerait plus volontiers que sur celle du Fort-Génois, car elle y serait mieux abritée, plus à portée de surveiller le canal de Malte, et plus rapprochée des mers du Levant.

AMÉLIORATIONS IMMÉDIATES.

Les circonstances politiques qui font du bey de Tunis notre allié naturel enlèvent, en grande partie, à la rade du Fort-Génois l'importance stratégique qu'elle doit à sa position frontière ; toutefois, ces circonstances pouvant changer, il serait d'une sage prévoyance d'utiliser les propriétés naturelles de cette rade, comme poste d'observation à l'extrémité Est de nos possessions d'Algérie, à l'entrée du canal de Malte.

La rade foraine du Fort-Génois, bien que battue en plein par la houle de N. E., présente néanmoins à une flotte une sécurité suffisante contre la tempête ; elle est trop ouverte pour que des batteries de côte puissent la protéger efficacement, en sorte que, en temps de guerre, il serait peut-être nécessaire de compléter sa défense maritime par des batteries flottantes.

Elle offre, vers la région N. E., des hauteurs d'eau de 30 à 35 mètres. On ne saurait donc songer à la couvrir par des jetées de manière à la rendre sûre. Une semblable entreprise, si elle n'est pas tout à fait chimérique, entraînerait du moins une dépense énorme, hors de toute proportion avec l'importance présente et future de la position.

Protéger cette rade naturelle par de puissantes batteries de côte, la doter de quelques magasins de ravitaillement, d'une bonne aiguade et d'un débarcadère commode, tel est l'unique but que l'on peut se proposer. Ces améliorations, dont la dépense s'élèverait à 1 million, seraient d'une haute utilité pour notre marine militaire et présentent un assez grand caractère d'urgence ; elles transformeraient la rade foraine du Fort-Génois en un bon port de refuge et d'agression, destiné à couvrir la province de Bône et à surveiller le passage entre l'Italie et la côte d'Afrique.

BONE.

(Pl. 15.)

PROPRIÉTÉS NAUTIQUES.

La ville de Bône, située dans la région S. O. du golfe qui porte son nom, est placée sur le revers méridional de la montagne de l'Edough, à l'entrée de la plaine, tout près des ruines de l'antique *Hippone*; elle est entourée de hautes murailles, et occupe, sur la pointe qui sépare l'anse du Cassarin de l'anse Cigogne, un terrain très-inégal. La partie haute de la ville touche à l'anse du Cassarin; elle est séparée de la mer par une falaise abrupte; la partie basse borde l'anse Cigogne; elle est de plain-pied avec les quais, le long desquels le ressac maintient à grand peine une profondeur suffisante pour les chalands et les balancelles.

Les petits caboteurs mouillent habituellement dans l'anse Cigogne; mais, pendant la mauvaise saison, ils n'y sont pas en sûreté; en hiver, ils préfèrent stationner dans la Seybouse, quoiqu'ils puissent y être momentanément emprisonnés, par suite des variations fréquentes que subit la barre de cette rivière.

Les navires mouillent en dehors de l'anse du Cassarin, à 1,200 mètres environ dans l'E. N. E. de la ville, sur un fond de sable fin d'une très-mauvaise tenue. Le débarquement des marchandises a lieu au moyen d'un batelage, et exige, par conséquent, un transbordement sur rade.

Par les coups de vent de N. O., le mouillage du Cassarin est tourmenté par une forte houle du N. qui, en se brisant sur les bancs de l'embouchure de la Seybouse, produit dans l'anse Cigogne un violent ressac. Les navires tiennent sur rade, mais les opérations d'embarquement sont interrompues.

Par les coups de vent de la partie N. E., le fond du golfe de Bône, à partir des hauteurs d'eau de 8 mètres, offre l'aspect d'un vaste brisant. Les bateaux mouillés dans l'anse Cigogne cassent leurs amarres et sont exposés à être broyés contre les quais ; les navires mouillés par 10 à 12 mètres sur la rade du Cassarin, battus à la fois par le vent, par le ressac et par une houle puissante qui remue le fond et déchausse les ancres, chassent, quelles que soient les précautions que l'on prenne, et vont se briser sur la pointe Cigogne ou sur les sables durs de la plage.

Bône n'a donc pas de port : la rade du Fort-Génois, éloignée de 7 kilomètres et séparée de la ville par les contreforts de la montagne ; le mouillage du Cassarin, balayé, lors des coups de vent de N. E., par des ras de marée d'une puissance irrésistible ; le quai de l'anse Cigogne, obstrué par les sables et battu par le ressac ; la Seybouse, dont l'entrée est barrée par des bancs de sables mouvants ; sont les seules ressources naturelles que cette position maritime offre à la navigation. Le transit des marchandises s'y effectue dans des conditions presque aussi onéreuses qu'à Philippeville et les naufrages y sont, relativement au mouvement de la navigation, aussi fréquents.

PROPRIÉTÉS COMMERCIALES.

La ville de Bône est établie non loin des ruines de l'antique Hippone qui fut l'une des plus grandes cités de l'Afrique romaine et l'une des résidences des rois de Numidie. Occupée en mars 1832 par les Français, elle a été la base des premières opérations de l'armée dans la province. Le rôle secondaire que la prise de Constantine et la création de Philippeville lui ont assigné depuis n'a pu arrêter l'essor de son commerce ; les développements de l'agriculture et de l'industrie sur son propre territoire l'ont dédommagée de la perte du transit de Constantine ; son marché maritime, alimenté de près par les produits de la plaine, par les liéges et les bois de construction des forêts de l'Edough et des Beni-Salah, par les fers de l'Alélik, de l'Oued-el-Aneb, de Bou-Hammza, de la Béliéta, de Bou-Rbeïa et d'Aïn-Morkha est, et sera toujours, l'un des principaux de l'Algérie.

La plaine de Bône s'étend entre le golfe de Philippeville, Guelma et La Calle sur une superficie de 200,000 hectares ; elle se prête parfaitement à la colonisation européenne, car la sécurité y est complète, le sol très-fertile et la population indigène très-clair-semée. Les montagnes qui l'entourent sont couronnées sur une superficie de 150,000 hectares par des forêts séculaires, et offrent de très-grandes richesses minérales qui commencent à être sérieusement exploitées.

Derrière ce rideau de montagnes, qui limite au S. la plaine de Bône, s'étend entre Constantine, Tébessa et la frontière de Tunis, le vaste plateau de la Medjerda, où l'on rencontre à chaque pas les vestiges d'antiques cités qui attestent la fertilité du sol et l'importance de sa production sous les Romains. Les produits de ce riche territoire ont pris, depuis la conquête de Constantine, la route de Tunis ; mais aujourd'hui que la guerre a cessé dans la province, ils tendent à reprendre leur pente naturelle vers Bône. L'ouverture d'une route ou d'une voie ferrée entre cette ville et le plateau de la Medjerda, dont le tracé général est indiqué par la vallée de la Seybouse, donnera une impulsion décisive à ce déplacement, et déviera en outre sur Tébessa et Bône une partie du commerce que Tunis fait aujourd'hui avec l'intérieur de l'Afrique (*pl.* 2).

La topographie générale du pays désigne donc le port de Bône comme l'entrepôt futur d'un des plus vastes et des plus riches territoires de l'Algérie. Le cercle commercial de ce marché maritime, momentanément limité par les massifs de montagnes qui séparent la plaine de Bône du plateau de la Medjerda, s'étendra un jour jusqu'au désert sur tout le pays compris entre Constantine et la frontière de Tunis.

PROJET D'ÉTABLISSEMENT.

Le commerce actuel de Bône, déjà restreint par le manque de routes, a un territoire peu étendu, et est, en outre, entravé par les mauvaises qualités nautiques du port. Les dangers du mouillage, les lenteurs et les difficultés du débarquement y maintiennent le fret et les assurances des marchandises à un taux excessif; ces faux frais, dont le chiffre s'accroît à mesure que le mouvement commercial augmente, font de la création d'un port à Bône une nécessité qui deviendra de jour en jour plus pressante.

Le projet tracé à l'encre rouge sur le plan a été adopté en 1855 par le ministre de la guerre; il comprend un avant-port ou rade fermée de 60 hectares dans l'anse du Cassarin et un arrière-port ou darse de 10 hectares dans l'anse Cigogne.

L'avant-port s'ouvre en dehors de la ligne des brisants par une passe de 400 mètres de largeur qui fait face au S. E. Il offre des hauteurs d'eau depuis 9 jusqu'à 4 mètres sur un fond net et régulier de sable fin. Il est bordé par une falaise de 25 mètres de hauteur qui l'isole de la ville et se refuse à l'établissement d'un quai de débarquement et des terres-pleins de rive nécessaires pour les magasins. Il ne constitue donc pas un port proprement dit, mais seulement une rade ; les navires y entreront par tous les temps sans hésitation, en veillant toutefois aux sautes de vent et aux accalmies provoquées par le voisinage des hautes terres ; ils n'y seront retenus que par les grands vents du large, qui les empêcheraient d'ailleurs de sortir du golfe. Quel que soit l'état de la mer, ils y stationneront en toute sécurité sur leurs ancres, s'ils ne préfèrent pas s'amarrer sur le môle Nord ; l'agitation qui pourra s'y introduire par la passe, lors des tempêtes de N.E., sera trop amortie par l'étendue du bassin et par les enrochements naturels ou artificiels qui formeront son enceinte, pour incommoder des navires au mouillage.

On ne doit donc pas, en vue d'augmenter le calme des eaux, rétrécir la passe au risque de la rendre dangereuse ; ou l'incliner plus au S., au risque de provoquer dans l'avant-port des contre-courants qui tendraient à l'ensabler.

L'arrière-port s'ouvre au N. par une passe de 60 mètres que les digues d'enceinte de la rade masquent de la houle. Il offre un réduit parfaitement calme, entouré de vastes quais, de plain-pied avec la partie basse de la ville et avec la plaine. Il sera approfondi par des dragages jusqu'à 4 et 5 mètres, de manière à recevoir les navires au-dessous de 400 tonneaux et pourra être relié par un canal à la Seybouse, qui est navigable jusqu'à 6 lieues de son embouchure et flottable jusqu'à 15.

La combinaison d'une rade et d'une darse qui concilie, de la manière la plus heureuse, la facilité du mouillage et de l'appareillage avec le calme des eaux nécessaire bord à quai, est en quelque sorte commandée à Bône par la disposition des lieux et le régime de la mer : en supprimant la rade, on ouvrirait la darse de l'anse Cigogne à la grosse mer et aux ensablements ; en supprimant la darse, on serait conduit pour établir dans l'anse du Cassarin un quai de débarquement à des travaux beaucoup moins utiles et plus coûteux.

Le port projeté pour Bône ne donnerait pas seulement aux mouvements de la navigation et du commerce toutes les facilités désirables ; il serait en outre assez bien garanti des atterrissements.

La plage à droite et à gauche de l'embouchure de la Seybouse est bordée, sur une largeur de 800 mètres, par des bancs de sable presque à fleur d'eau ; ces sables, que la grosse mer remue et agite, sont entraînés au large par les courants et ramenés vers le rivage par les vagues. Ces mouvements en sens contraire ne se compensent pas ; car le transport vers le large, sous l'action combinée de la houle et du courant, se continue au delà des profondeurs de 20 mètres, tandis que le transport vers la terre ne commence qu'au moment où les vagues déferlent, c'est-à-dire par les fonds de 7 à 8 mètres. Le port s'ouvrant par les fonds de 9 mètres, en dehors de la zone des brisants, n'a rien à craindre des sables du large ; il ne peut être atterri que par les vases de la Seybouse et par les sables de la côte que le courant entraîne vers le large. Ce port n'ayant qu'une entrée et sa digue d'enceinte étant dirigée tangentiellement à l'extrémité du môle Nord, le courant n'y pénétrera jamais, et les alluvions qu'il charrie ne pourront s'y introduire qu'à la faveur d'un faible remou ; les sables s'arrêteront à l'entrée même de la rade, tandis que les vases iront se déposer à l'intérieur jusque dans la darse ; les eaux du port ne se renouvelant en tout cas que très-lentement, ces dépôts de sable et de vase seront peu considérables, et des dragages peu coûteux suffiront pour les enlever. On pourrait au reste, à peu de frais, diminuer, et probablement annuler, ces atterrissements en détournant la Seybouse vers l'E., de manière à éloigner de l'entrée du port le courant d'eaux troubles et les bancs de sables mouvants qui prolongent l'embouchure de la rivière jusqu'à la hauteur de la pointe Cigogne.

Le projet arrêté pour le port de Bône est donc irréprochable sous le rapport des atterrissements comme sous le rapport nautique; il n'a contre lui que la dépense de 8 millions qu'il exige. Les deux parties dont il se compose se complètent l'une par l'autre et sont également indispensables, mais l'établissement de la darse est le travail le plus utile et le plus urgent ; son résultat immédiat serait une économie annuelle de 1 million sur les faux frais de toute nature qui grèvent aujourd'hui le commerce de Bône; la dépense de 3 millions qu'il exige est donc largement justifiée ; elle serait d'ailleurs à peu près couverte par la valeur des terres-pleins de rive en arrière des quais.

Cette darse, inaccessible par une grosse mer, serait rapidement ensablée et ne pourrait être maintenue que par des dragages incessants ; elle n'a pas le caractère d'un établissement provisoire ; elle n'est que la première partie d'un projet qui ne peut pas être scindé. Si les travaux sont interrompus ou même s'ils marchent avec lenteur, le port sera comblé par les sables avant que les digues d'enceinte soient terminées, et la dépense de 8 millions portée au projet sera de beaucoup dépassée. On devrait donc entreprendre ces travaux avec les crédits nécessaires pour les achever en moins de dix ans.

LA CALLE.

(*Pl.* 16.)

La ville de La Calle, placée à 10 lieues marines de la frontière, fut, à partir du xvie siècle, le centre du commerce français dans le N. de l'Afrique; incendiée en 1827, à l'époque de la rupture de la France avec le deỳ d'Alger, elle a été, depuis son occupation en 1836, restaurée et agrandie et a repris son ancien rôle commercial, basé sur la richesse des bancs de coraux et des forêts de chênes-liéges situés dans son voisinage.

La production du liége, qui exige une très-longue préparation, est encore à son début; mais elle est susceptible d'une extension indéfinie; la pêche et l'industrie du corail, exercées sous la domination turque par les Corses et les Marseillais, sont monopolisées aujourd'hui par les Italiens. En abaissant en 1844 le droit de pêche imposé aux bateaux étrangers de 1,695 à 800 francs, on n'a fait qu'affermir ce monopole; il eût été mieux d'élever ce droit en vue de fixer à La Calle les matelots italiens qui se livrent à cette pêche, et de naturaliser l'industrie du corail en Afrique.

A la différence des autres mouillages de l'Algérie, qui n'offrent que des anses plus ou moins ouvertes, et qui regardent l'E. S. E., le port de La Calle consiste dans un petit bassin oblong, dont l'entrée regarde l'O. N. O. Ce bassin, resserré à son entrée, a 120 mètres de largeur moyenne sur 300 mètres de longueur. Il est limité au N. par un quai récemment construit le long de la presqu'île de rocher sur laquelle étaient établis les magasins de la

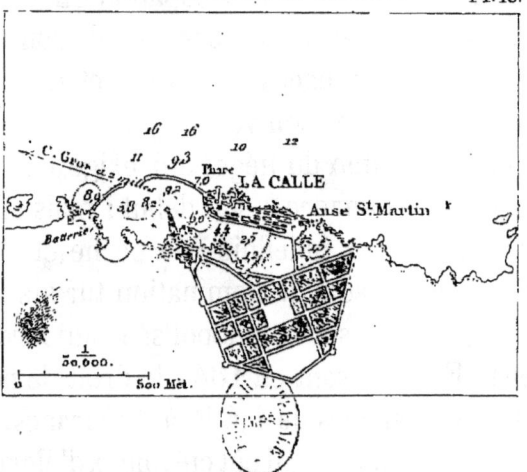

compagnie d'Afrique; à l'E., par un isthme de sable et par les nouveaux quartiers de la ville; au S. par des falaises escarpées.

Ce petit port n'est pas accessible aux bateaux à vapeur de la correspondance, qui s'arrêtent au large sur un fond pierreux d'une très-mauvaise tenue. Ce mouillage extérieur, que rien n'abrite et sur lequel la mer grossit rapidement, est détestable. Les navires à voiles n'y viennent jamais, et les courriers n'y stationnent que le moins de temps possible, en conservant leurs feux, pour appareiller promptement.

Le port de La Calle n'est praticable que pour des caboteurs et de petits navires marchands. Le peu de largeur de la passe et le brusque ressaut de fond qu'elle présente y occasionnent, dans les gros temps, une barre ou brisant difficile à franchir. Cette disposition rend l'entrée dangereuse, mais elle améliore le mouillage, en amortissant la houle du N. O. qui le bat en plein. Ce mouillage n'est pas tenable en hiver, et n'offre, en été, qu'une sécurité incomplète. Il est néanmoins un lieu de station et de refuge pour les deux cents bateaux corailleurs qui exercent leur industrie dans ces parages. Ils s'y rendent aux premières apparences de mauvais temps de N. O.; car, par un coup de vent de cette partie, ils n'oseraient plus y entrer. S'ils s'y trouvent déjà, ils s'enfoncent dans le port; et, la violence du vent venant à augmenter, ils se halent à terre, sur l'isthme de sable, qui peut en contenir une centaine.

Tel quel, ce port est interdit aux navires ordinaires du commerce, mais il paraît offrir aux pêcheurs et aux caboteurs des ressources suffisantes, puisque, malgré un mouvement de navigation très-actif, deux bateaux seulement s'y sont perdus depuis dix ans.

La plage du fond du port, comme toutes celles qu'offrent les autres anfractuosités du rivage, provient de la destruction par les vagues des falaises rocheuses de la côte et de la désagrégration spontanée des roches de grès des hauteurs voisines. Ces détritus, apportés dans le port par les vagues et les courants, les vents et les pluies torrentielles, n'en sortent plus ; la grosse mer de N. O., qui s'engouffre dans la crique, les balaye sur le fond et les rejette à la plage, où leur accumulation séculaire a formé le petit isthme de sable qui rattache l'îlot de La Calle à la terre. Le peu d'étendue de cette plage, le peu d'épaisseur de la couche de sable qui, dans le port, recouvre le lit primitif de rocher, prouvent que le progrès annuel de l'ensablement est insignifiant ; il serait sensiblement annulé si des jetées recouvraient la crique à l'O. : on n'a donc pas à craindre qu'un port créé sur cet emplacement puisse être atterri.

La Calle n'est qu'un port de caboteurs, succursale du marché de Bône ; la proximité de ce grand marché lui enlève toute importance comme point de transit et limite sa sphère d'action à un territoire peu étendu. Il est même probable que l'exploitation d'une partie des forêts du cercle de La Calle se fera directement par Bône au moyen du Mafrag, qu'il sera facile de rendre flottable jusqu'à 15 lieues de son embouchure. Mais en dépit du rang secondaire que le voisinage de Bône lui assigne, le port de La Calle prospérera par la pêche du corail, par la fertilité de son territoire, par les relations avec les tribus tunisiennes de la frontière ; les mines de fer de l'Oued-el-Arough, les liéges de Méla, les minerais de plomb argentifère et aurifère d'Oum-Thebool, dont les exploitations, commencées sous les plus heureux auspices, seront un jour l'une des grandes richesses industrielles de l'Algérie, lui assurent un bel avenir commercial ; sa position sur la frontière, à l'O. du canal de Malte, lui donne une certaine valeur politique et militaire. Son port, amélioré et convenablement agrandi, serait un poste avancé d'où, en temps de guerre, quelques vapeurs pourraient surveiller d'assez près le passage entre la Sardaigne et l'Afrique pour intercepter le commerce de l'ennemi avec le Levant.

Ces considérations ont dicté les dispositions du projet, indiqué sur le plan, qui donne au port toute l'extension que comporte l'emplacement; ce projet comprend : un môle circulaire allant de la pointe du phare à la pointe de la batterie, coupé aux deux tiers de sa longueur par une passe de 80 mètres; et une jetée intérieure, établie en couronnement de la ligne de récifs qui limite au S. O. la crique actuelle. Il offre un avant-port d'une entrée facile, accessible aux frégates, et un arrière-port de 4 hectares parfaitement abrité, mais où les profondeurs sont médiocres. Son exécution complète coûterait environ 3 millions, et satisferait largement et pour toujours aux besoins de la position; la branche du môle enracinée sur la pointe du phare, évaluée à 1,500,000 fr., est évidemment le travail le plus utile et le plus urgent; mais cette première partie du projet d'établissement définitif peut elle-même être ajournée, puisque, malgré ses imperfections naturelles, le port de La Calle suffit à la rigueur aux corailleurs et aux petits caboteurs qui le fréquentent. L'établissement sur la plage d'une aiguade et d'un bon système de halage, la défense maritime de la ville, que sa position avancée en mer et son isolement de nos centres d'action dans la province exposent doublement aux attaques de l'ennemi, sont les seules améliorations d'une utilité bien pressante. Une dépense de 100,000 fr. suffirait pour les réaliser.

RÉSUMÉ.

Après avoir exposé le régime nautique et les caractères généraux de la côte d'Algérie, nous avons décrit un à un, dans l'ordre de leur situation géographique, tous les points de cette côte, où les bâtiments abordent pour chercher un abri ou débarquer des marchandises. Ces divers points, désignés sous le nom générique de port, bien que la plupart n'aient aucune des qualités que ce nom implique, sont (*pl.* 2) :

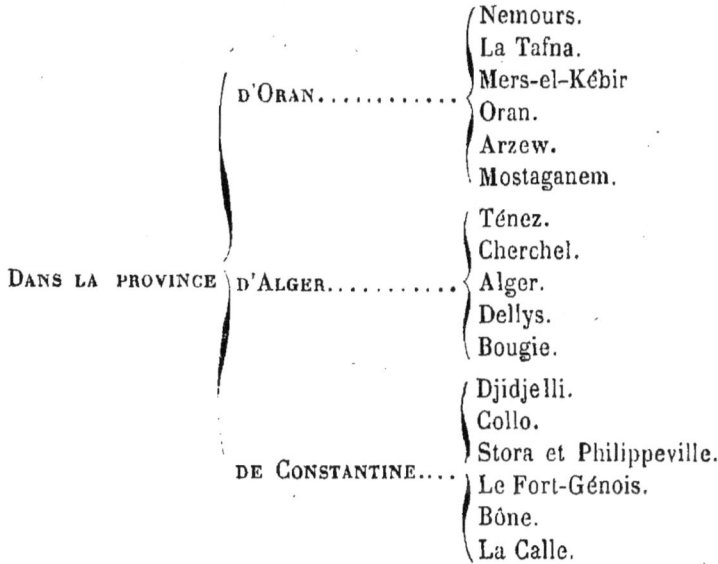

Dans la province
- d'Oran
  - Nemours.
  - La Tafna.
  - Mers-el-Kébir
  - Oran.
  - Arzew.
  - Mostaganem.
- d'Alger
  - Ténez.
  - Cherchel.
  - Alger.
  - Dellys.
  - Bougie.
- de Constantine
  - Djidjelli.
  - Collo.
  - Stora et Philippeville.
  - Le Fort-Génois.
  - Bône.
  - La Calle.

L'étude d'ensemble de la côte a indiqué les bases générales du système d'établissements maritimes à fonder en Algérie; l'étude détaillée de chaque port a fait connaître ses propriétés naturelles, son rôle spécial et son avenir probable; elle nous a conduit à formuler les projets de travaux pour son organisation provisoire et pour son complet développement. Les résultats de ces études sont résumés dans le tableau suivant :

NOM DU PORT.	DESCRIPTION SOMMAIRE DU PORT.	ÉTABLISSEMENT IMMÉDIAT, comprenant LES TRAVAUX NÉCESSAIRES à notre époque.		ÉTABLISSEMENT DÉFINITIF comprenant LES TRAVAUX NÉCESSAIRES pour le complet développement du port.	
		Désignation des ouvrages.	Dépense.	Désignation des ouvrages.	Dépense.
			fr.		fr.
NEMOURS.	Petite anse très-ouverte à l'exposition directe du Nord.—Abri nul, mais bonne plage de débarquement.—Emplacement qui se refuse à la création d'un port.—Communications faciles avec l'intérieur du pays.—Transit de Lella-Mannia, Nédroma, Zebdou et la frontière du Maroc.—*Port de cabotage et de pêche*, insuffisant pour le commerce maritime du territoire de Tlemcen.	Débarcadère. Cale de halage. Batteries.	80,000	Débarcadère. Cale de halage. Batteries.	80,000
LA TAFNA.	Petite anse très-ouverte à l'exposition du N. N. O.—Mouillage d'été derrière l'îlot Rachgoun, plage de débarquement, rivière barrée, mais d'un tirant d'eau suffisant pour des bateaux.—Emplacement assez favorable pour un grand port.—Communications faciles avec l'intérieur. —*Port naturel et historique de Tlemcen.*	Endiguement de la rivière par des jetées à claire-voie. Défenses.	150,000	Jetées et quais du port. Défenses.	6,000,000
MERS-EL-KÉBIR.	Rade sûre pour 15 vaisseaux, à l'entrée du canal qui sépare l'Afrique de l'Espagne. — Mouillage actuel des navires à destination d'Oran. — Quais de débarquement abrités. — Défense continentale suffisante, défense maritime incomplète.—Établissements de la marine à terre nuls. — Commandement militaire des côtes de la province d'Oran. —Base d'opérations pour la flotte en regard de Gibraltar. —Aujourd'hui port de refuge. Dans l'avenir, grand port d'abri et d'agression, arsenal de ravitaillement et de réparation; *second port militaire de l'Algérie.*	Défenses. Parc à charbon. Magasins de ravitaillement.	2,000,000	Jetées et quais, embrassant un port militaire de 135 hectares et une darse de 12 hectares. Arsenal de ravitaillement et de réparation. Défenses.	25,000,000

NOM DU PORT.	DESCRIPTION SOMMAIRE DU PORT.	ÉTABLISSEMENT IMMÉDIAT, comprenant LES TRAVAUX NÉCESSAIRES à notre époque.		ÉTABLISSEMENT DÉFINITIF, comprenant LES TRAVAUX NÉCESSAIRES pour le complet développement du port.	
		Désignation des ouvrages.	Dépense.	Désignation des ouvrages.	Dépense.
ORAN.	Place essentiellement militaire, annexe de Mers-el-Kébir. — Mouillage dangereux, même en été. Mauvais emplacement pour un grand port de commerce. — Darse de 5 hectares en construction. Aujourd'hui, entrepôt général du commerce de la province d'Oran.—Dans l'avenir, *port marchand de 2e ordre*.	Achèvement de la darse en construction.	fr. 1,400,000	Achèvement de la darse en construction.	fr. 1,400,000
ARZEW.	Rade vaste et sûre pour des navires marchands et débarcadère abrité. — Manque d'eau potable.—Défenses maritime et continentale nulles. — Absence de routes. — Débouché à la mer des vallées de l'Habra, du Sig, de la Mina et du bas Chélif.—Entrepôt naturel de Mostaganem, Relizane, Mascara et Saïda. — Transit du Sahara occidental et de l'intérieur de l'Afrique.—Aujourd'hui, port de relâche pour les navires à destination de Mostaganem. — Dans l'avenir, *premier port marchand de la province d'Oran*.	Quais. — Aiguade. — Défenses.	5,000,000	Darse de 20 hectares devant la ville. Grande rade couverte. Défenses.	5,000,000
MOSTAGANEM.	Mouillage détestable et débarcadère en pleine côte, à l'exposition directe du N.O.— Transit du bas Chélif et de la Mina. — Emplacement aussi mauvais que possible pour la création d'un port. — Place maritime sans avenir à cause de la proximité d'Arzew. — *Port de cabotage et de pêche*.	Extension du débarcadère actuel.	200,000	Extension du débarcadère actuel.	200,000

NOM DU PORT.	DESCRIPTION SOMMAIRE DU PORT.	ÉTABLISSEMENT IMMÉDIAT, comprenant LES TRAVAUX NÉCESSAIRES à notre époque.		ÉTABLISSEMENT DÉFINITIF, comprenant LES TRAVAUX NÉCESSAIRES pour le complet développement du port.	
		Désignation des ouvrages.	Dépense.	Désignation des ouvrages.	Dépense.
TÉNEZ.	Mouillage d'été et mauvaise plage de débarquement à l'exposition directe du N. — Emplacement favorable pour la construction d'un port. — Richesses minérales. — Communications faciles avec la vallée centrale du Chélif. — Transit d'Orléansville et de Tiaret. — Aujourd'hui, mauvais port de cabotage. — Dans l'avenir, *bon port de refuge*, à mi-chemin d'Alger à Arzew *et port de commerce de 2ᵉ ordre*.	Rade couverte. — Débarcadère. — Fort sur les îlots.	fr. 8,000,000	Brise-lames, jetées et quais embrassant un port de 24 hectares. — Défenses.	fr. 8,000,000
CHERCHEL.	Mouillage d'été, praticable pour les petits navires seulement. — Port de débarquement ou darse de 2 hectares. — Transit de Miliana et de la vallée du haut Chélif. — *Joli port de cabotage*, succursale de celui d'Alger. — *Bonne station pour des corsaires*.	»	»	Construction d'un avant-port. — Défenses.	1,000,000
ALGER.	Rade foraine, tenable en toute saison pour de navires de guerre, placée en dehors de la protection des batteries de côte. — Port de guerre et de commerce de 90 hectares en construction depuis 1837. — Développement des quais insuffisant. — Défense continentale assurée, défense maritime incomplète. — Etablissements de la marine à terre et moyens de ravitaillement et de réparation à peu près nuls. — Disposition des lieux on ne peut plus ingrate pour la création d'un grand établissement naval. — Entrepôt général du commerce de l'Algérie. — Port naturel du territoire compris entre Miliana, Boghar et Aumale. — Transit du Sahara algérien	Achèvement du port à l'E. de la ville. — Arsenal de réparation. — Défenses maritimes.	15,000,000	Achèvement du port mixte de 90 hectares à l'E. de la ville. — Arsenal de ravitaillement et de réparation sur le quai Sud. — Port marchand de 30 hectares au N. de la ville. — Défenses maritimes.	23,000,000

NOM DU PORT.	DESCRIPTION SOMMAIRE DU PORT.	ÉTABLISSEMENT IMMÉDIAT, comprenant LES TRAVAUX NÉCESSAIRES à notre époque.		ÉTABLISSEMENT DÉFINITIF, comprenant LES TRAVAUX NÉCESSAIRES pour le complet développement du port.	
		Désignation des ouvrages.	Dépense.	Désignation des ouvrages.	Dépense.
			fr.		fr.
ALGER (Suite).	et de l'intérieur de l'Afrique par Blida, Médéa, Boghar.— Commandement militaire de la portion de côtes comprise entre Tédles et Ténez. — Aujourd'hui, grand marché commercial et port d'abri pour une escadre. — Dans l'avenir, *port marchand de 1er ordre;* grand port de refuge et d'agression, petit arsenal de ravitaillement et de réparation ; *troisième port militaire de l'Algérie.*				
DELLYS.	Petite baie très-ouverte, à l'exposition du N. E.—Mouillage d'été et débarcadère en pleine côte. — Emplacement qui se refuse à la création d'un port.—Territoire commercial très-restreint.—*Port de cabotage et de pêche,* succursale de celui d'Alger.	Grand débarcadère. Cale de halage. Batteries.	170,000	Grand débarcadère. Cale de halage. Batteries.	170,000
BOUGIE.	Rade sûre pour une flotte, facile à prendre et à quitter en toute circonstance, plus à portée de Toulon et de la Corse que celle d'Alger. — Position intermédiaire entre Mahon et Malte.—Communications avec la métropole assurées, en dépit des croisières ennemies, par le régime des vents et de la mer dans la Méditerranée. — Défenses continentale et maritime, établissements de la marine à terre à peu près nuls. — Place militaire que l'on pourrait à très-peu de frais rendre imprenable. — Port de refuge naturel admirablement disposé pour un grand établissement naval. — Commandement de la portion de côtes comprise entre Tédles et la frontière de Tunis.—Riches-	Darse marchande. Parc à charbon. Aiguade. Magasins de ravitaillement. Défenses maritime et continentale.	7,000,000	Rade sûre de 900 hectares. Darse militaire de 15 hectares. Darse marchande de 15 hectares. Grand arsenal de ravitaillement et de réparation. Défenses maritime et continentale.	37,000,000

NOM DU PORT.	DESCRIPTION SOMMAIRE DU PORT.	ÉTABLISSEMENT IMMÉDIAT, comprenant LES TRAVAUX NÉCESSAIRES à notre époque.		ÉTABLISSEMENT DÉFINITIF, comprenant LES TRAVAUX NÉCESSAIRES pour le complet développement du port.	
		Désignation des ouvrages.	Dépense.	Désignation des ouvrages.	Dépense.
			fr.		fr.
BOUGIE (Suite).	ses minérales et forestières. — Entrepôt du commerce de la grande Kabylie, de Sétif, d'Aumale et de Bou-Sada. — Principal port pour le commerce de transit entre l'Europe, le Sahara algérien et l'intérieur de l'Afrique. — Aujourd'hui grande rade militaire non utilisée, impasse commerciale, simple port de relâche. — Dans l'avenir, *port marchand de 1er ordre et premier port militaire de l'Algérie.*				
DJIDJELLI.	Grande crique ouverte à l'E. et imparfaitement défendue de la mer du Nord par une ligne de récifs. — Mouillage d'été de peu d'étendue, mais praticable pour les plus grands navires. — Emplacement assez favorable pour la création d'un grand port. — Transit de Mila et de la vallée de l'Oued-Kébir. — Richesses minérales et forestières. — Importance commerciale restreinte, valeur militaire annulée par la proximité de Bougie. *Port marchand de 3e ordre ; bonne station pour des croiseurs.*	Fermeture des vides entre les récifs. — Construction de la darse. — Défense maritime.	2,000,000	Rade couverte par un môle couronnant les récifs. — Petite darse devant la ville. — Défenses.	4,000,000
COLLO.	*Poste à occuper.* — Rade foraine tenable en toute saison pour des navires de guerre, offrant en cas de nécessité un lieu de station à une escadre. — Petite anse devant la ville bien abritée et commode pour les débarquements. — Communications naturellement faciles avec l'intérieur du pays. — Importance commerciale annulée par la proximité de Philippeville. — *Port marchand de 3e ordre.*	»	»	Quais. — Défenses maritimes.	150,000

P. ALG.

NOM DU PORT.	DESCRIPTION SOMMAIRE DU PORT.	ÉTABLISSEMENT IMMÉDIAT, comprenant LES TRAVAUX NÉCESSAIRES à notre époque.		ÉTABLISSEMENT DÉFINITIF, comprenant LES TRAVAUX NÉCESSAIRES pour le complet développement du port.	
		Désignation des ouvrages.	Dépense.	Désignation des ouvrages.	Dépense.
PHILIPPEVILLE.	Plage de débarquement généralement impraticable au fond d'un golfe dangereux, à 2 milles du mauvais mouillage de Stora qui lui sert d'annexe. — Emplacement qui se refuse à la construction d'une darse, mais qui n'est guère inférieur à celui de Stora pour l'établissement d'un grand port. — Communications faciles avec l'intérieur du pays. — Transit de Constantine, Batna, Biskra, le Sahara oriental et l'intérieur de l'Afrique. — Entrepôt général du commerce de la province.—*Port marchand de 1er ordre.*	Jetées et quais devant la ville embrassant un port de 60 hect.	fr. 12,000,000	Jetées et quais devant la ville embrassant un port de 60 hect.	fr. 12,000,000
LE FORT-GÉNOIS.	Vaste rade foraine praticable en toute saison.—Port de relâche pour les navires à destination de Bône.—Mouillage pour une flotte, qui ne saurait être couvert par des digues et ne peut être qu'imparfaitement défendu par des batteries de côte. — Défenses et établissements de la marine à terre nuls. — Poste d'observation sur la frontière au débouché du canal de Malte. — Dans l'avenir, *port de refuge et de ravitaillement.*	Défenses. — Parc à charbon. — Aiguade. — Débarcadère. — Magasins de ravitaillement.	1,000,000	Défenses. — Magasins de ravitaillement.	1,000,000
BONE.	Mouillage d'été pour les navires. — Petite crique et quais de débarquement médiocrement abrités du N. E. pour des bateaux.—Richesses agricoles, minérales et forestières. — Aujourd'hui, relations commerciales restreintes à un territoire peu étendu. —Dans l'avenir, marché maritime du vaste territoire compris entre Constantine, Tebessa et la frontière de Tunis; point de transit vers l'intérieur de l'Afrique. *Port de commerce de 2° ordre.*	Avant-port de 60 hectares. Darse de 10 hectares. Canal de la Seybouse. Défenses maritimes.	8,000,000	Avant-port de 60 hectares dans l'anse du Cassarin. Darse de 10 hectares dans l'anse Cigogne. Canal entre le port et le lit rectifié de la Seybouse. Défenses maritimes.	8,000,000

NOM DU PORT.	DESCRIPTION SOMMAIRE DU PORT.	ÉTABLISSEMENT IMMÉDIAT, comprenant LES TRAVAUX NÉCESSAIRES à notre époque.		ÉTABLISSEMENT DÉFINITIF, comprenant LES TRAVAUX NÉCESSAIRES pour le complet développement du port.	
		Désignation des ouvrages.	Dépense.	Désignation des ouvrages.	Dépense.
LA CALLE.	Petite crique ouverte à l'O. N. O. — Mouillage d'été impraticable pour les grands navires. — Quai abrité et très-belle plage de halage. — Lieu de refuge des coralliers qui halent leur bateaux à terre, lors du gros temps du N. O. — Excellente station pour des croiseurs, à proximité de la frontière, au débouché du canal de Malte. — *Port de cabotage et de pêche*, succursale de celui de Bône.	Aiguade. Système de halage. Défenses.	fr. 100,000	Avant-port ou rade couverte. Port de 4 hectares. Aiguade. Défenses maritimes.	fr. 3,000,000
TOTAL DES DÉPENSES		pour les *établissements immédiats*,	62,100,000	pour les *établissements définitifs*,	135,000,000

Le programme de travaux que nous venons d'esquisser conduirait donc à une dépense immédiate ou prochaine de 62 millions, et à une dépense totale de 135 millions. Ces dépenses sont considérables, mais elles sont nécessaires pour asseoir sur de larges bases la prospérité de l'Algérie et la puissance navale de la France dans la Méditerranée.

La côte d'Algérie n'offre guère que des rades foraines et des plages inabritées qui, sur tout autre rivage, seraient jugées impraticables en hiver. Elle est absolument dépourvue de ports naturels, et ne possède sur un développement de 250 lieues, qu'un port artificiel, celui d'Alger; tous les autres sont encore, à très-peu près, dans l'état où nous les avons trouvés.

Cette situation ne répond ni aux besoins de la paix ni aux éventualités qui naîtraient d'une guerre maritime.

Sous le rapport militaire :

Le port d'Alger, boulevard actuel de nos conquêtes dans le N. de l'Afrique, n'est pas à l'abri d'une insulte et se trouve encore dépourvu de magasins de ravitaillement, de bassins de radoub et de chantiers de réparation ;

Bougie et Mers-el-Kébir, dont la conservation importe à la sécurité de l'Algérie et aux destinées de notre marine dans la Méditerranée, sont des rades ouvertes aux escadres ennemies, et des positions mal défendues contre une attaque de vive force ;

Le mouillage du Fort-Génois, auquel la proximité du canal de Malte donne une assez grande valeur militaire, ne présente à nos croiseurs aucune protection et aucune ressource.

Sous le rapport commercial :

Les quais inachevés du port d'Alger n'offrent pas aux mouvements des marchandises les facilités désirables ;

La petite darse en construction à Oran ne constitue guère qu'un débarcadère abrité ;

Bougie et Arzew, dépourvues de routes, sont de véritables impasses ;

Collo n'est pas occupé ;

Nemours, Mostaganem, Ténez, Cherchel, Dellys, Philippeville, Bône, La Calle, sont des ports détestables où les navires ne viennent que par nécessité. Ils y mouillent en pleine côte et y communiquent avec la terre par des embarcations, comme en pays sauvage.

Cet état de choses entraîne les conséquences suivantes :

1° L'Algérie est très-vulnérable par sa frontière maritime, la seule qui puisse désormais être sérieusement menacée ; le faible appui qu'elle offre à notre flotte ne compensant pas les charges que sa défense lui impose, elle est pour notre marine une cause de faiblesse et non un élément de force.

2° Les faux frais de toute nature auxquels les dangers de la navigation et les difficultés du débarquement assujettissent le trafic maritime, dans les ports secondaires, grèvent le commerce algérien d'un impôt annuel croissant qui dépasse déjà 12 millions.

La France ne pourra s'assimiler l'Algérie qu'après avoir approprié ses ports aux besoins divers amenés par la civilisation. Cette œuvre séculaire qui embrasse une étendue de côtes de 100 myriamètres, et comprend l'organisation de dix-sept ports, ne saurait être menée à bien si un plan d'ensemble n'en coordonnait pas à l'avance les diverses parties, en vue du résultat final.

L'examen des caractères généraux de la côte et des propriétés spéciales des diverses positions maritimes qu'elle présente nous a conduit à formuler un programme de travaux, basé sur les besoins d'un avenir indéfini, et un programme de travaux, basé sur les besoins actuels.

Le programme des établissements définitifs, dont la dépense est évaluée à 135 millions, comprend tous les travaux nécessaires pour donner à chaque port le degré de perfection dont il est susceptible; en marquant le but à atteindre, il permettra de diriger les travaux exécutés sur divers points et à des époques diverses, de manière à arriver pas à pas à une organisation rationnelle et complète des ports algériens.

Le programme des établissements immédiats dont la dépense est évaluée à 62 millions ne comprend que les travaux urgents. Il utilise les propriétés naturelles de chaque port, et les développe dans la mesure des besoins actuels ou prochains, en réservant toute facilité pour les améliorations et les extensions futures ; il tend à organiser sur le littoral algérien,

1° En vue de la guerre :

Quatre centres d'opérations pour la flotte, qui commandent et couvrent toute la côte ;

Alger, port de refuge, de ravitaillement et de réparations, asile inviolable pour un convoi ;

Bougie et Mers-el-Kébir, ports de refuge et de ravitaillement, à l'abri d'une attaque de vive force ;

Le Fort-Génois, point d'appui sur la frontière de Tunis et poste d'observation à l'ouvert du canal de Malte.

2° En vue du commerce :

Six ports de grande navigation correspondant à chacune des grandes artères du réseau de chemins de fer projeté en Algérie :

Arzew, rade couverte et darse de 20 hectares ;

Ténez, port de refuge et de ravitaillement de 24 hectares ;

Alger, grand port de refuge et quais accostables pour les plus grands navires ;

Bougie, grande rade naturelle et darse de 15 hectares ;

Philippeville, port de refuge et de débarquement de 60 hectares ;

Bône, port de refuge de 60 hectares et darse de 10 hectares.

Neuf ports de caboteurs, succursales des grands ports

marchands voisins : Nemours, La Tafna, Oran, Mostaganem, Cherchel, Dellys, Djidjelli, Collo et La Calle.

Les établissements militaires mettraient la frontière maritime de l'Algérie à l'abri de toute agression et offriraient à notre flotte de la Méditerranée un appui et une protection qui doubleraient ses forces.

Les ports marchands, en plaçant le trafic maritime de l'Algérie dans des conditions normales, affranchiraient son commerce d'une multitude de faux frais qui ont dépassé, en 1854, 12 millions et qui se seraient élevés à 20 millions si le port d'Alger n'avait pas été créé.

Cette première organisation des ports algériens, tout en réservant l'avenir de chaque position, suffirait pour un très-long temps aux besoins de la paix et de la guerre; elle constitue une œuvre indispensable et urgente qui est la conséquence, et sera la sanction de nos conquêtes dans le N. de l'Afrique.

CONCLUSION.

Après tous les développements donnés au plan des travaux que nous proposons pour approprier peu à peu les ports algériens aux besoins de la navigation du commerce et de la guerre, il ne nous reste plus qu'à indiquer en quelques mots les moyens d'organiser promptement ces ports en vue des besoins actuels.

L'Algérie ne prospère que par la culture arabe; la culture et l'industrie perfectionnées ne pourront s'y développer tant qu'elle restera dépourvue de routes et de ports. Le seul moyen de l'arracher à l'état de stagnation révélé par le chiffre presque invariable de sa population européenne, c'est de l'exonérer par un vaste ensemble de travaux publics des faux frais exorbitants qui pèsent sur le mouvement des marchandises et arrêtent l'essor de son commerce.

Mais l'organisation des ports et des voies de communication d'un pays dont l'étendue est les deux tiers de celle de la France est une œuvre considérable bien au-dessus des ressources ordinaires du budget. En concentrant ces ressources sur quelques points, on n'a obtenu, après un quart de siècle, qu'un port inachevé à Alger, et qu'une mauvaise tête de route dans chaque province; en les éparpillant sur l'ensemble du territoire, on eût obtenu moins encore.

Une expérience de vingt-sept ans a donc condamné en Algérie le système de l'exécution des ports et des routes par l'Etat. Persévérer dans ce système, ce serait ajourner à un siècle l'achèvement des travaux nécessaires à la sécurité et à la prospérité du pays, et reculer d'autant le moment où il deviendra réellement une extension du territoire de la France.

Le Gouvernement vient de sortir de cette voie stérile; après avoir arrêté pour l'Algérie un bon système de viabilité et d'établissements maritimes, il essaye d'un moyen simple et économique pour le réaliser à bref délai.

Ce moyen consiste à réserver toutes les ressources du budget pour les travaux d'un ordre politique et militaire, en confiant à l'industrie privée les travaux indispensables à son développement et susceptibles d'assurer le revenu et l'amortissement du capital d'exécution.

Les ports marchands d'Arzew, de Ténez, de Bougie, de Philippeville et de Bône, qui formeront avec celui d'Alger les têtes des chemins de fer projetés en Algérie et sont indispensables au développement de leur trafic, peuvent être classés dans la deuxième catégorie de travaux. Leur construction devrait être imposée aux compagnies concessionnaires des voies ferrées qui viendront y aboutir, moyennant un droit de port, sur le tonnage des navires, applicable au service des intérêts et au remboursement du capital d'exécution.

Ce système d'une taxe temporaire destinée à payer des travaux qui facilitent le trafic maritime n'est pas nouveau. Il a donné aux ports de l'Angleterre d'admirables perfectionnements que l'Etat eût été impuissant à réaliser. Il vient d'être essayé avec avantage dans quelques ports de France, et notamment au Havre pour la construction du nouveau bassin; il n'existerait pas, d'ailleurs, qu'il faudrait l'inventer pour l'Algérie, où la grandeur des besoins et la faiblesse des ressources du budget forment un si pénible contraste.

Son application aux cinq grands ports marchands projetés à Arzew, Ténez, Bougie, Philippeville et Bône deviendrait très-facile si l'État garantissait le capital employé à la construction et à l'entretien du port, et s'il donnait, à titre de bénéfice, à la compagnie qui exécuterait les travaux les terres-pleins gagnés sur la mer en arrière des quais. Elle exigerait l'établissement d'un droit de port provisoire, qui ne représenterait pas au début le tiers des faux frais dont elle affranchirait le trafic maritime et qui diminuerait graduellement. Elle serait acceptée avec reconnaissance par le commerce et réduirait à 27 millions la dépense à faire par l'Etat pour l'organisation des ports algériens ; cette organisation pourrait être ainsi complétement réalisée en moins de quinze ans, avec les ressources actuelles du budget.

TABLE DES MATIÈRES.

	Pages.
AVANT-PROPOS	3
RÉGIME DES VENTS ET DE LA MER A LA CÔTE D'ALGÉRIE	5
Vents	5
Ondes	12
Courants	15
Atterrissements	16
CARACTÈRES GÉNÉRAUX DE LA CÔTE D'ALGÉRIE	20
Propriétés nautiques	20
Propriétés commerciales	25
Propriétés militaires	32
PROPRIÉTÉS SPÉCIALES DE CHAQUE PORT; MOYENS DE LES UTILISER ET DE LES DÉVELOPPER	37
Nemours	37
La Tafna	40
Baie d'Oran	45
Mers-el-Kébir	48
Oran	55
Baie d'Arzew	62
Arzew	65
Mostaganem	72
Ténez	76
Cherchel	82

	Pages.
Alger	85
Annexe au port d'Alger	104
Dellys	120
Bougie	123
Djidjelli	138
Collo	142
Philippeville et Stora	145
Golfe de Bône	155
Le Fort-Génois	157
Bône	161
La Calle	168
Résumé	172
Conclusion	184

PLANCHES.

		Pages.
Pl. 1.	Carte du bassin Ouest de la Méditerranée	5
Pl. 2.	Carte générale de l'Algérie	20
Pl. 3.	Port de Nemours	37
Pl. 17.	Baie de la Tafna	40
Pl. 4.	Rade de Mers-el-Kébir et port d'Oran	45
Pl. 5.	Rade d'Arzew	65
Pl. 6.	Port de Mostaganem	72
Pl. 7.	Port de Ténez	75
Pl. 8.	Port de Cherchel	82
Pl. 9.	Port d'Alger	85
Pl. 10.	Port de Dellys	120
Pl. 11.	Port de Bougie	123
Pl. 12.	Port de Djidjelli	138
Pl. 13.	Port de Collo	142
Pl. 14.	Ports de Stora et de Philippeville	145
Pl. 15.	Rade du Fort-Génois et port de Bône	157
Pl. 16.	Port de La Calle	168

Paris. — Imprimerie Paul DUPONT,
rue de Grenelle-St-Honoré, 45.

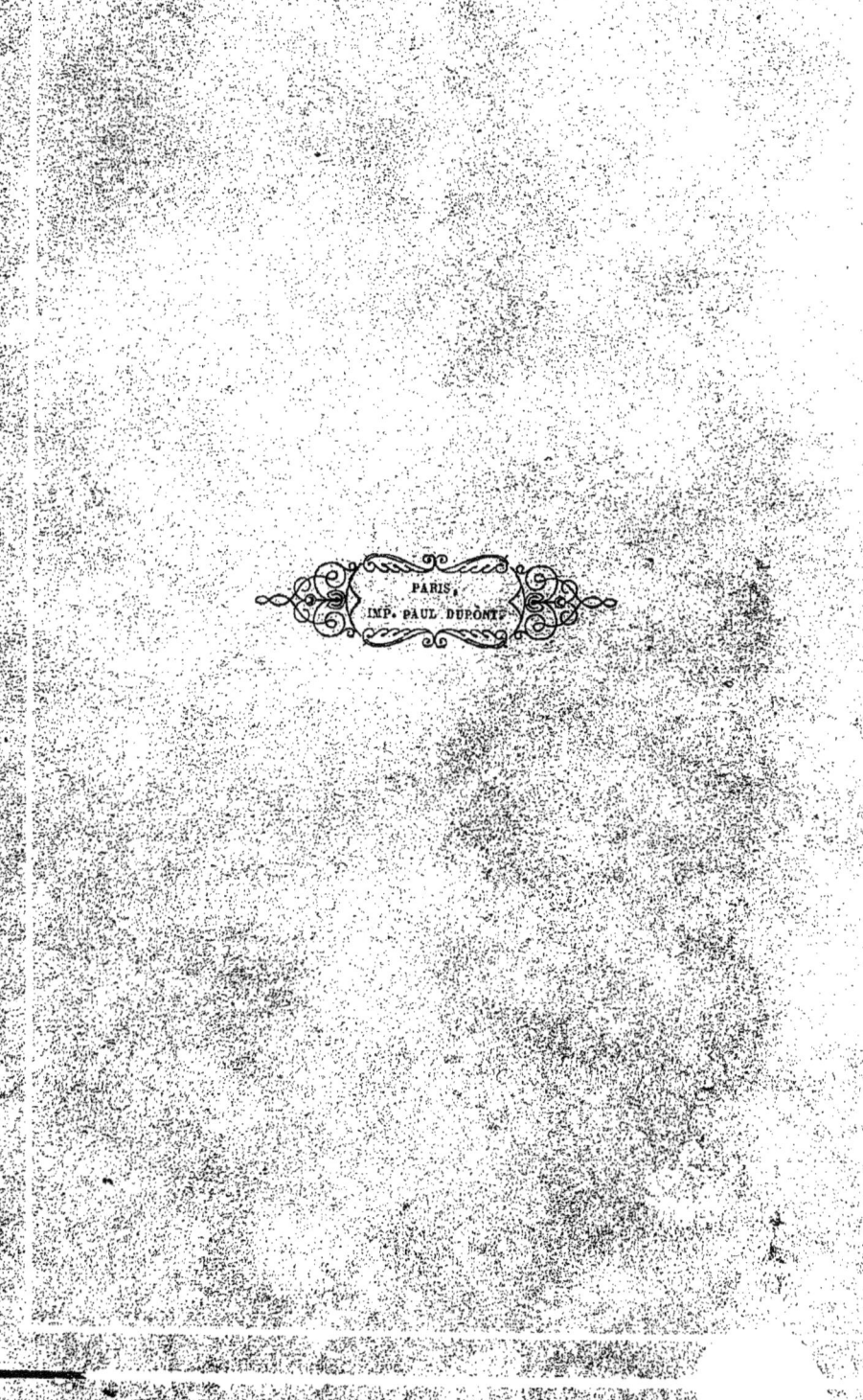

www.ingramcontent.com/pod-product-compliance
Lightning Source LLC
Chambersburg PA
CBHW071933160426
43198CB00011B/1374